TIZAC-DE-GALGON

ÉPISODES DU TEMPS DE

LA FRONDE

DANS UNE PAROISSE DU BORDELAIS

PAR LEO DROUYN

BORDEAUX

IMPRIMERIE G. GOUNOUILHOU,

11, RUE GUIRAUDE, 11.

1875

TIZAC-DE-GALGON

ÉPISODES DU TEMPS DE
LA FRONDE

DANS UNE PAROISSE DU BORDELAIS

AVANT-PROPOS

En 1869, pendant une de mes inspections des Archives communales, je reçus, à Tizac-de-Galgon, l'hospitalité de M. le marquis Odilon de Lard, qui habite le château de La Taste. Pendant que j'étais chez lui, il me fit voir un grand coffre plein de liasses de vieux papiers, dont la plus grande partie ne contenaient que des procès insignifiants entre des paysans de la localité ; mais au milieu de toutes ces paperasses, qui me furent gracieusement prêtées et que j'emportai chez moi, je découvris des pièces importantes dont quelques-unes ont été publiées par la *Société des Archives historiques de la Gironde*. J'y trouvai surtout des documents du temps de la Fronde et des années qui l'ont suivie.

En lisant les historiens bordelais qui se sont occupés de la Fronde, on ne trouve guère que des intrigues particulières, des faits politiques et des descriptions de combats entre les troupes du roi et les Frondeurs ; si l'on y parle de la misère des paysans, ce n'est qu'en passant ou parce qu'un fait saillant peut donner du mouvement à la narration. Avec un peu d'attention, on entrevoit bien l'état déplorable où étaient réduites les populations, mais les quelques mots jetés çà et là ne frappent que superficiellement l'esprit du lecteur.

Les grands historiens de la France, eux aussi, passent légèrement sur les détails de la misère des paysans, détails qui entraveraient la marche du récit et tiendraient trop de place dans une histoire même très volumineuse.

C'est donc dans les chroniques, dans les mémoires, dans les manuscrits des collections publiques et privées, qu'on trouve le récit détaillé des immenses malheurs qui frappaient les populations, surtout celles des campagnes, pendant les guerres civiles qui ont désolé la France aux seizième et dix-septième siècles; et si vingt paroisses de chacune des provinces frappées par ce fléau fournissaient des documents analogues à ceux que j'ai trouvés dans les archives du château de La Taste, on aurait une idée beaucoup plus juste des maux que la Fronde a versés sur notre patrie (¹).

Dans cette étude, je m'occupe exclusivement de ce qui s'est passé dans la paroisse de Tizac, laissant de côté ce qui ne s'y rattache pas indispensablement.

(¹) Mon étude sur la paroisse de Tizac-de-Galgon était terminée, lorsque M. Gustave Brunet, notre savant collègue, qui connaît tout ce qui se publie en France et à l'étranger, m'a signalé un livre de M. Alphonse Feillet, intitulé : *La misère au temps de la Fronde et S. Vincent de Paul, ou un chapitre de l'histoire du paupérisme en France*. J'ai étudié cet ouvrage avec la plus grande attention. Jamais livre ne m'a plus intéressé. M. Feillet parcourt toutes les parties de la France désolées par la Fronde, et prouve, par des citations empruntées presque toutes à des documents inédits, que la misère était partout aussi profonde que dans le Bordelais.

TIZAC-DE-GALGON

I

HISTOIRE DE LA PAROISSE

La commune de Tizac-de-Galgon, qui remplace la paroisse d'avant 1789, est située au nord-ouest de l'arrondissement de Libourne, dans le canton de Guîtres. Elle faisait autrefois partie, au temporel et au spirituel, du duché et de l'archiprêtré de Fronsac. L'archiprêtre était curé de Galgon et de Bonzac [1]. Elle est bornée, au nord-ouest, par le ruisseau du Graviange, qui la sépare de la commune de La Ruscade; à l'ouest, par la Saye [2], qui coule entre La Ruscade et Marcenais; au sud, par les communes de Saint-Ciers-d'Abzac et de Maransin; à l'est, par cette dernière, et au nord-est et au nord, par celle de La Pouyade, à laquelle Tizac est maintenant annexée au spirituel.

Le sol de Tizac est peu accidenté; les plateaux et les côtes descendent, en pente douce, jusqu'aux cours d'eau

---

[1] Hierosme Lopes : *L'Église métropolitaine et primatiale Saint-André de Bourdeaux*, p. 404.

[2] *Saye*, synonyme de *ruisseau* dans cette partie du Fronsadais, comme *jalle* dans le Médoc, et *gua* dans le Bazadais.

qui les arrosent et sont, en outre du Graviange et de la Saye : un petit ruisseau bornant la commune au sud, et le Godicheau, qui, après avoir réuni plusieurs petits affluents prenant leur source dans La Pouyade, traverse Tizac de l'est à l'ouest, et se jette dans la Saye.

Des terres labourables, des vignes, des bois et quelques rares prairies, se partagent le territoire de Tizac, qui ne se distingue, d'ailleurs, des contrées voisines, par aucune production particulière.

Tizac ne possédait que deux maisons nobles : La Taste, située près de l'église, et Taillefer, sur le bord du Graviange ; leurs seigneurs rendaient hommage à celui de Fronsac.

Les principaux hameaux de la commune sont : le bourg, Godicheau, Adam, Lavagnac, Brois, Cocug, Le Rocq, Taillefer, Guionnet, Pine, Cadoue et Vignaut.

Tizac suivit toujours la fortune de la seigneurie de Fronsac, et son histoire générale se confond avec celle de cette seigneurie. Son obscurité cependant ne dut pas la préserver des malheurs qui fondirent sur l'Aquitaine depuis l'invasion des Barbares jusqu'aux guerres de religion, époque où nous commençons à trouver quelques documents qui la concernent particulièrement.

En 1622, M. de Gourgue, qui présidait le Parlement de Bordeaux, engagea la Cour à prendre des mesures pour empêcher les Huguenots d'envahir le Bordelais. Deux conseillers furent envoyés à Libourne ; ils devaient y faire une levée de 2,000 hommes, et y emprunter la somme nécessaire pour subvenir à la dépense de cette milice (¹).

(¹) Dom Devienne : *Histoire de la ville de Bordeaux*, Iʳᵉ Part., p. 214.

Cent hommes, sous la conduite du sieur de Pontus ([1]), furent cantonnés sur la rivière de l'Ile, afin d'empêcher le passage aux ennemis du roi. Les députés du Parlement ordonnèrent de lever sur les paroisses du Fronsadais la somme de 710 livres pour l'entretien de cette compagnie, capitaines et officiers; ils s'adjoignirent, pour faire le département de cette somme, les habitants notables de chaque paroisse, et se basèrent sur le taillon levé en 1621. Cette opération se fit le 2 février 1622. La paroisse de Tizac fut taxée à 17 livres 5 sols ([2]).

Les troubles de la Fronde furent de courte durée; mais à aucune autre époque peut-être les campagnes du Bordelais n'avaient autant souffert. Toutes les calamités que les guerres entraînent à leur suite fondirent sur elles : passages et logements de gens de guerre, impositions forcées, levées d'hommes, etc., rien ne leur fut épargné.

En 1649, le duc d'Épernon, gouverneur de la Guienne, contre lequel le Parlement de Bordeaux, suivi de la plus grande partie de la population, s'était soulevé, se rendit maître du cours de la Dordogne, et, sous le prétexte de mettre Libourne à l'abri des attaques des parlementaires, il fit construire, près de cette ville, une citadelle pour empêcher les vivres d'arriver à Bordeaux ([3]). A cet effet,

([1]) A cette époque, on trouve trois personnages qui prennent la qualité de seigneur de Pontus : M. de Sauvenelle, Jean de Belleavoyne, écuyer, et M. Du Mas.

([2]) *Pièces justificatives*, n° 1.

([3]) La garnison de Libourne dévastait les environs de la ville. Le 28 juin 1649, Armand Beaubois, fermier de la palu des Anguious, porta plainte contre les soldats de cette garnison, qui dévastaient la palu, chassaient dans les blés et les prairies, volaient les fèves et les pois, « de sorte qu'à peine, disait-il, on pourra en récolter assez » pour la semence. » — « Les troupes du duc d'Épernon, dit M. Alph.

il réquisitionna les paysans des paroisses environnantes, et chargea le chevalier de Thodias (¹), ou, en son absence, le commandant de son régiment qui tenait garnison à Libourne, de fixer le nombre de manœuvres que devait fournir chaque paroisse. M. de Cozage envoya l'ordonnance au procureur d'office de Fronsac, en lui enjoignant de faire la levée et de charger les cotisateurs des paroisses de conduire à Libourne les manœuvres munis de « brouhettes, sivieres, pics, palles et autres ferremens, pour travailler aux fortiffications », et de leur fournir des vivres pendant huit jours, « lesquels leur seront déduictz sur la taille, conformement à ladicte ordonnance. »

La paroisse de Tizac fournit 4 hommes (²).

Nous ne savons si les promesses contenues dans l'ordonnance furent exécutées; mais il est certain qu'Étienne de Richon, conseiller du roi, président, trésorier de France et général des finances en Guienne, écrivit le 8 novembre 1650, un mois après la paix, aux collecteurs et cotisateurs de la paroisse de Tizac des années 1647, 1648, 1649 et 1650, de se rendre, le lendemain, à son

» Feillet, se signalèrent, dans les environs de Libourne, par des » excès tels que les populations aimaient mieux abandonner leurs » maisons et leurs propriétés que de recevoir chez eux des pillards » pour qui rien n'était sacré. »

(¹) « Guy de Belhade de Thodias, chevalier de l'ordre de Saint-Jean- » de-Jérusalem, gentilhomme de monseigneur le prince (de Condé), » gouverneur de la duché de Fronsac et Coutras. » (Registres de l'État civil de la paroisse de Lansac, près Bourg.) Théophile de Lauvergnac, écuyer, était à la même époque seigneur des maisons nobles de Lamotte de Haut et de Thodias.

En 1650, le chevalier de Thodias, qui était gouverneur du duché de Fronsac, fit, dans son duché, plus de 1,000 fantassins pour le service de la princesse de Condé. *(Mémoires de Lenet.)*

(²) *Pièces justificatives,* nº 2.

château de Montfavier, en la paroisse do Bonzac, pour
lui faire connaitre les « foules » et pertes que les habitants avaient éprouvées depuis le mois de mai précédent.
Il leur recommanda, en même temps, d'apporter les
quittances des sommes qu'ils avaient payées aux gens
de guerre pour leur subsistance, afin d'en faire procès-
verbal, et ensuite pourvoir à leur décharge suivant
l'intention du roi.

Si ces sommes étaient remboursées, c'était certaine-
ment un grand soulagement pour les populations, mais
il était impossible de tout rembourser. Ce que les soldats
volaient de vivres, de bestiaux, de meubles, etc., n'était
pas noté, et c'était la plus grosse part. S'il n'y avait pas
eu de pilleries de toute nature, personne n'aurait réclamé
de sauvegardes contre les gens de guerre, et, comme
nous le verrons plus loin, tous ceux qui avaient quelque
aboutissant ou quelques protecteurs auprès des com-
mandants en chef ne manquaient pas d'en demander.

Au surplus, les ordonnances se succédaient pour
défendre aux soldats de loger ou fourrager sur les terres
de certains particuliers, ou même sur des contrées
entières; mais les gens de guerre, à peu près sûrs de
l'impunité, et d'ailleurs peu ou pas payés, n'en tenaient
aucun compte. Ainsi, le 30 octobre 1652, le comte de
Marcin ou Marchin, qui prenait le titre de général des
armées du roi, sous l'autorité du prince de Conti, publiait
cette sauvegarde :

« Nous deffendons tres expressement à tous officiers,
» de quelles troupes qu'ils soint, de loger, fourager,
» ny permettre qu'il soit fouragé dans les terres du
» duché de Fronsac, apartenantes à Son Altesse (¹), et

(¹) Le prince de Condé.

» à tous cavaliers, soldats, de quelle condition qu'ils soint,
» sur peine de la vie, de contrevenir audit ordre. Ordon-
» nons et permettons aux officiers tenant la justice de
» Son Altesse dans ledit duché de faire assembler le
» peuple, et faire le baffroy, sy besoin est, pour courre
» sur les contrevenans, lesquels ilz nous ameneront pour
» en faire justice.

 » A Libourne, ce trentiesme octobre mil six cens cin-
» quante-deux. — DE MARCHIN. — Par Monseigneur,
» PESSEMESSE. »

Six jours auparavant, le prince de Conti donnait lui-
même une sauvegarde au procureur fiscal du duché de
Fronsac.

Une preuve certaine que les soldats, à quelque parti
qu'ils appartinssent, tenaient peu compte des ordonnances précédentes, c'est que d'autres sauvegardes furent
accordées dans le courant de l'année suivante (1).

Les paysans, d'ailleurs, n'eussent-ils eu à payer que les
impôts officiels, auraient été assez misérables; en outre
des tailles courantes et de toutes les autres impositions
ordinaires, les troupes royales levaient sur eux des
subsides de guerre qui finirent par les ruiner complètement.

Des garnisons, que les gens du pays étaient obligés
de faire vivre, occupaient tous les châteaux forts. Les
habitants de Tizac étaient chargés de la subsistance de
celles des châteaux de Montguyon et de Taillefer. Le
1er avril 1653, ils reçurent cette missive : « Il est
» ordonné aux habitans de la paroisse de Tizac de fournir
» la subsistance à la garnison du chasteau de Monguion,

---

(1) Nous reviendrons sur ces sauvegardes lorsque nous parlerons
du château de La Taste.

» scavoir, par chascun jour, cinq livres aux cappitaines,
» troys livres aux lieutenans, à troys sergens, chascun
» vingt solz, et à vingt-huict soldars, chascun dix solz
» aussi par jour, et ce jusqu'à nouvel ordre.

» Faict à Blaye, le premier jour d'avril mil six cens
» cinquante-troys. Signé : Sezar de Vandosme, et au-des-
» sous : Guron, nommé esvesques de Tulle, et plus bas :
» par Monseigneur, Bertin. »

Il ne restait plus un denier chez les paysans de Tizac;
ils ne pouvaient donc obéir aux ordres du duc de Vendôme. M. du Vergier (¹) Messellières, capitaine au régiment
d'Estissac et commandant de la garnison du château de
Montguyon, envoya à Tizac des soldats qui maltraitèrent
les habitants et les menacèrent, s'ils ne payaient, de
faire raser et brûler leurs maisons. Il fit jeter deux de
ces malheureux dans les prisons de Montguyon. Pour
faire cesser ces persécutions et mettre les prisonniers en
liberté, le sieur Landreau, procureur fiscal du duché de
Fronsac, pria messire Alain de Caillères, chevalier, seigneur de Clayrac (²), dans la maison duquel il s'était
réfugié avec plusieurs autres paroissiens de Tizac, d'aller
au château de Montguyon et de composer avec le commandant. Le sieur du Vergier revint avec M. de Caillères,
et fit voir au sieur Landreau qu'il lui était dû plus de
900 livres; mais celui-ci, ayant représenté que les habitants étaient dans l'impuissance de payer, parce qu'ils
avaient été ruinés par une garnison qui occupait depuis
six mois le château de Taillefer, et par le logement de
toute l'armée, commandée par monseigneur le comte

(¹) Il existait au quatorzième siècle, et il existe encore dans le
Bourgès, une famille du Vergier.
(²) Clairac, canton de Montguyon (Charente-Inférieure), où existent
encore les descendants de la famille de Caillères.

d'Harcourt (¹), du Vergier, qui s'était déjà rendu aux raisons données par M. de Caillères, se contenta de la somme de 300 livres et renvoya les prisonniers. Un nommé Antoine Badails prêta 200 livres; Arnaud Landreau et plusieurs autres habitants prêtèrent le reste. Le 3 mai 1653, du Vergier donna une quittance par laquelle il tint quitte les paroissiens de Tizac tant du passé que de l'avenir.

En 1655, Antoine de Nort, chevalier, conseiller et avocat du roi en la généralité des finances de Guienne, ayant été chargé de liquider les dépenses faites sur les impositions des années 1647 et suivantes, proposa à ceux qui avaient prêté les 300 livres d'en faire la levée en même temps que les tailles. Ils ne durent pas accepter, puisqu'en 1657 cette somme n'était pas encore remboursée. Les habitants de Tizac firent rédiger par Arnaud Landreau et Arnaud de l'Espine un mémoire de ce qu'ils devaient, tant pour le capital que pour les intérêts; le tout se montait à 350 livres; mais des ennemis des rédacteurs s'étant plaints de ce que ce mémoire avait été fait à l'insu des habitants, firent obtenir prise de corps contre Landreau et de l'Espine, qui furent emprisonnés à la conciergerie de la Cour. Ceux-ci adressèrent à la Cour des Aides une requête dans laquelle ils demandaient à se disculper en présence de commissaires nommés à cet effet, et à démontrer qu'ils n'avaient rien fait sans le consentement des habitants. Ils suppliaient, en conséquence, la Cour de les autoriser à venir plaider au premier jour, et, en attendant, de les faire mettre en liberté. Le 27 avril 1657, la Cour ordonna de leur ouvrir

---

(¹) Cette armée avait mangé presque toutes les brebis des métairies, pris les meubles des maisons et tout ce qui était susceptible d'être emporté.

les portes de la prison, à la charge de se représenter à la première sommation. Enfin, le 2 mai 1657, M. de Caillères, qui avait mené toute l'affaire de l'emprunt, leur donna une déclaration notariée de l'arrangement fait avec le commandant de Montguyon, et ils ne furent plus inquiétés.   ·

Nous avons vu plus haut que la garnison du château de Taillefer avait contribué à ruiner les habitants de Tizac; lorsqu'elle l'évacua, ils eurent encore à supporter de nouvelles charges; il fallut raser les fortifications de ce château.

Au mois de juillet 1653, les paroisses de Tizac, de Marsenais, de Maransin et de La Pouyade y contribuèrent, et les habitants de Tizac furent obligés, en outre, de fournir la somme de 20 livres, pour huit jours de subsistance, à M. de Bertin-La Boullaye, aide de camp dans l'armée de M. de Vendôme, chargé de surveiller les démolisseurs.

Les Ormistes, que l'on pourrait appeler les radicaux de la Fronde, désespérant de résister seuls aux armées du roi, avaient demandé du secours aux Espagnols, et mis dans Bourg-sur-Mer une garnison de 600 de ces étrangers, commandés par Vateville, qui avait fortifié cette place, dont les anciennes murailles n'auraient pu résister à une attaque sérieuse. La guerre terminée, on jugea prudent de raser les nouvelles fortifications. Le comte d'Estrades, maire de Bordeaux, chargea, le 11 novembre 1654, le sieur des Augiers, maréchal de bataille dans les armées du roi, de « faire incessamment et en » toute diligence razer et desmolir toutes les fortifica- » tions, bastions, redoutes et généralement tout ce qui » a esté faict, basty et construict par les dietz Espaignols,

» à la reserve de la citadelle, » par des manœuvres pris dans les paroisses des juridictions de Bourg, de Fronsac et de Cubzac, les menaçant, en cas de refus, du logement de gens de guerre. Il enjoignait aux maires et jurats, juges et procureurs d'office, de tenir la main à ce que les manœuvres ne fissent défaut, « à peine de desobeissance et d'en repondre en leur privé nom. »

Par suite de cette commission, des Augiers ordonna, le 13 novembre, au juge et au procureur d'office de la juridiction de Fronsac de fournir, pour le lundi suivant 16 du même mois, cent manœuvres, et de les faire trouver, à huit heures du matin, devant la grande porte de Bourg, munis des outils nécessaires. Il leur écrivit, en même temps, une lettre particulière dans laquelle il les engageait à venir le trouver à Bourg, le 15, afin de s'entendre avec lui pour chercher les moyens les plus doux et les plus commodes au peuple (¹).

Il fut décidé, dans cette conférence, qu'on ne commencerait pas le 16 ; que, comme les fortifications de Libourne (la citadelle probablement) devaient être également démolies, on demanderait à M. d'Estrades d'y faire travailler les habitants du Fronsadais, bien plus voisins de Libourne que de Bourg (²), ou de lever de l'argent, ce qui serait encore moins onéreux pour les campagnes que de fournir des hommes. M. d'Estrades, qui dans toute cette affaire nous a paru faire preuve d'une grande dureté de cœur, peut-être parce qu'il tenait à maltraiter les tenanciers du prince de Condé, duc de

---

(¹) Il était du pays, et il voulait, autant que possible, soulager ses compatriotes.

(²) Bourg est à 15 kilomètres environ de la paroisse du Fronsadais la plus rapprochée, et de 30 environ de la plus éloignée. Libourne borde le Fronsadais, et la paroisse la plus éloignée n'en est qu'à 20 kilomètres environ.

Fronsac, n'eut aucun égard à des demandes aussi raisonnables ; il ordonna de se mettre au plus tôt au travail, dit qu'il fallait laisser, pour le moment, les fortifications de Libourne et commencer par celles de Bourg ; qu'il exigeait du Fronsadais non des levées d'argent, mais cent manœuvres par jour, et menaçait d'envoyer des gens de guerre si l'on ne commençait pas de suite ; en conséquence, le 20 novembre, des Augiers écrivit à M. Landreau, procureur d'office de Fronsac, qu'il désirait s'entendre, une seconde fois, avec lui, mais qu'il ferait bien d'envoyer, le lundi suivant, les cent manœuvres exigés.

Le lendemain 21, il publia une ordonnance à cet effet. « Les manœuvres, y est-il dit, travailleront sepmaine par » sepmaine, et seront relevées, de sept jours en sept jours, » au dimanche, par aultre mesme nombre, jusques à » nouvel ordre. »

Le 22, nouvelle ordonnance de M. le comte d'Estrades, enjoignant de discontinuer la démolition de Libourne [1] et d'envoyer les manœuvres à Bourg. Des Augiers l'adressa, en original, à M. Landreau, en lui écrivant : « Il n'y a » plus rien à faire que de me fournir cent bonnes manœu- » vres de vostre jurisdiction, biens garnys de fourniments » et de vivres pour leurs subsistances, pendant les inter- » valles des sepmaines que nous avons ordonnées. »

Le 25, des Augiers écrivait de rechef à Landreau que quelques paroisses n'avaient pas fourni les manœuvres exigés ; il lui demandait encore cent hommes pour la semaine suivante, et ajoutait : « J'ai permission de l'esglise » pour travailler les festes, ainsi je travailleray le jour

---

[1] Le comte d'Estrades s'était peut-être rendu aux raisons qui lui avaient été primitivement données.

» Sainct-André, comme un jour ouvrier. J'ay fait entendre
» à M. d'Estrades vos ordres et vos soings; il me promet
» que vous n'aurés point de gens de guerre, pourveu
» que vous continuiez à fournir vos manœuvres, à cent
» actuelles; à quoy je vous conjure. »

Le temps était détestable. Ces malheureux, très probablement mal nourris, encore plus mal logés peut-être,
travaillaient sous la pluie et dans la boue. « Nous n'avons
pu travailler que bien peu à cause du mauvais temps, »
écrivait des Augiers le 21 novembre.

L'œuvre de démolition n'était pas terminée le 19 décembre, et des Augiers écrivait encore à Landreau qu'il allait
envoyer des mousquetaires dans les paroisses qui n'avaient
pas obéi. Et il suffisait de n'avoir pas toujours envoyé
des ouvriers pour avoir désobéi, puisque nous venons de
voir que M. d'Estrades disait : « Vous n'aurés point de
» gens de guerre, pourveu que vous continuiez à fournir
» vos manœuvres. » Ainsi donc, après avoir épuisé le
pays d'hommes et d'argent, avoir retardé ou même
empêché complètement les travaux agricoles, et com-
promis de cette façon les récoltes de l'année suivante,
on répandait dans les campagnes des pillards dont la
seule occupation était de voler et de maltraiter le
paysan (1).

Outre les pertes de bestiaux, de meubles, de vête-
ments, de vivres, de journées de travail, etc., que les
habitants de Tizac eurent à supporter pendant cette
désastreuse guerre de la Fronde, ils payèrent :

« Au sieur commandant de la garnison de Taillefer, par
» ordre du comte de Macaie.................... 550 liv.
» A trois officiers........................ 350

(1) *Pièces justificatives*, n° 3.

» Au sieur Saint-André, commandant à Taille- » fer, par ordre de M. de Montesson.............	582 liv.
» Au sieur du Vergier, commandant la garnison » de Monguion, par ordre de Son Altesse de » Vendosme.............................	400 (¹)
» Au sieur Rimbaud, pour l'opital de Libourne.	80
» Pour la subsistance de Bourg.............	230
» Pour la démolition de Taillefer, aux gardes » de M. de Vendosme, et fourni des vivres pen- » dant huit jours.........................	100
TOTAL................	2,242 liv.

Pendant la guerre de cent ans, les campagnes du Bordelais avaient perdu plus de la moitié de leurs habitants (²). Au moment où elles commençaient à renaître de leurs ruines arrivèrent les guerres de religion, qui furent aussi désastreuses que celles qui précédèrent la conquête de la Guienne. Elles étaient à peine apaisées que la courte, mais violente guerre de la Fronde vint porter le dernier coup et ruiner complètement les populations agricoles. L'État, qui était toujours en lutte avec les ennemis du dedans et du dehors, ne pouvant se passer d'argent, employait tous les moyens pour s'en procurer. Quand on considère l'épouvantable détresse où se trouvaient les paysans au milieu du dix-septième siècle, on se demande comment ils ont pu résister alors et se relever ensuite.

En 1637, les tailles de la paroisse de Tizac s'élevaient à la somme de 527 liv. 6 s. 8 d. La juridiction entière

---

(¹) Ils avaient peut-être payé 100 livres avant d'en emprunter 300.

(²) *Cartulaire de La Sauve*, manuscrit à la bibliothèque de la ville de Bordeaux. — *Histoire de la Grande Sauve*, par M. l'abbé Cirot de La Ville. — *Archives communales de La Sauve*, copie de l'*Histoire manuscrite de la Sauve majeure*, du Père du Laura.

de Fronsac payait 7,380 liv. 14 s., et la baronnie de Cadillac en Fronsadais 5,280 liv. 13 s. 4 d. (¹).

Le 4 avril 1646, les impositions de la paroisse de Tizac se montaient à la somme de 1,220 liv. 4 s. 9 d. d'une part, à celle de 30 livres plus 6 deniers pour livre, et 4 livres pour la façon du rôle, tant pour le taillon, solde des prévôts de maréchaux, subsistance, garnison, et droits des officiers de l'élection.

A la fin de 1650, le roi, touché des misères de ses sujets, et particulièrement de ceux de l'élection de Bordeaux et sénéchaussée de Bazadais, et, « en considération » des logements et desordres qu'ils ont souffert pendant » les années 1649 et 1650, à cause des mouvements » survenus en la ville de Bourdeaux, » ordonne que les contribuables des paroisses qui auront le plus souffert seront déchargés de la somme d'un million de livres sur ce qu'ils doivent des tailles et subsistances, depuis l'année 1647 jusqu'en 1650, dont 850,000 livres pour l'élection de Bordeaux et 150,000 li .es pour la sénéchaussée de Bazas; mais, par contre, le roi exige la levée du surplus des impositions depuis l'année 1647, « à peine, » en cas de refus par lesdits contribuables de satisfaire » à ce que dessus, d'estre d'escheus du benefice du » present arrest, et contrains au payement du total par » les voyes accoustumées en pareil cas. »

La paroisse de Tizac, considérée à juste titre comme une de celles ayant le plus souffert, fut déchargée : en 1648, de 237 livres; en 1649, de 690 livres, et en 1650, de 530 livres.

Malgré cette décharge considérable, les contribuables ne s'exécutaient pas, et, le 25 février 1651, François

(¹) *Pieces justificatives*, n° 4.

Fiany, conseiller du roi, receveur des tailles et taillon de Bordeaux, adressa une requête aux présidents, trésoriers de France et généraux des finances en Guienne, pour les avertir qu'il n'avait reçu que 14,000 liv. 11 s. pour l'année 1650, et 13,714 liv. pour 1649, et 464 liv. 10 s. pour 1651; qu'il avait envoyé ses huissiers par toute l'élection, et que ceux-ci n'avaient trouvé, dans la plus grande partie des villes et des paroisses, aucun rôle pour les années 1649 et 1650. Il ajoutait que ces huissiers lui avaient fait des rapports si navrants sur « les » miseres et impuissances du peuple (¹) », qu'il désirait savoir d'eux quelle conduite il devait tenir en cette circonstance. Les trésoriers, en réponse à cette requête, ordonnèrent aux cotisateurs des paroisses de l'élection de fournir les rôles dans huit jours, et aux habitants de payer, « autrement et à faute de ce faire, ledit delay » passé, les cottizateurs et autres habitans desdites » paroisses seront solidairement contraints, suivant les » ordonnances de Sa Majesté, au payement des sommes » portées par les mandes à eux envoyées, ainsi qu'il est » accoustumé, comme pour les propres deniers et affaires » de Sa Majesté. »

Un huissier fut envoyé à Tizac, le 27 mars 1651. Les habitants de cette paroisse se résignèrent; le 22 avril suivant, ils payaient pour l'année 1650, par les mains d'Arnaud Landreau, la somme de 150 liv. 16 s., et le 25 mai, celle de 140 liv. 4 s. 5 d.

Pour l'année 1651, la paroisse de Tizac fut cotisée : 1° « pour les deniers du taillon et solde des prevosts des » marechaux, à la somme de 95 liv.; » --- 2° « pour les

---

(¹) Il fallait que la misère fut bien épouvantable pour toucher le cœur des huissiers de cette époque.

» tailles, subsistance des gens de guerre, etapes, appoin-
» tements des seigneurs, gouverneurs, droits d'officiers,
» entretenement des ponts et chaussées et autres som-
» mes y contenues, à 859 liv. 5 s. 8 d.; — 3° « pour la
» cote-part des gages des officiers du siege presidial de
» Guienne, à 6 liv. 17 s. 5 d. »

Il arrivait, dans certaines occasions, que les tailles
étaient perçues en nature; quelquefois alors les mar-
chandises se perdaient par la faute des commissaires
chargés de les recevoir, et ne profitaient à personne.

En 1653, on prit, en déduction des tailles, 252 tonneaux de vin dans la juridiction de Fronsac, pour la
garnison de Libourne. Soit que la paroisse de Tizac eût
payé ses tailles, soit pour tout autre motif, elle ne figure
pas dans la liste de celles qui furent frappées par cette
levée (¹). Par la négligence du sieur Mazères, conseiller
du roi et procureur au siège présidial de Libourne, des
reçus ne furent pas donnés : les vins furent déposés en
partie dans divers chais, d'autres restèrent quinze jours
sur les ports, à la discrétion des gens de guerre et des
passants. Le sieur Mazères recevait des barriques à moitié
vides, gâtées ou sentant le fût.

Les campagnes auraient dû jouir, ce semble, après la
paix, d'un peu de tranquillité, mais elles étaient ruinées,
et les collecteurs reparaissaient comme un cauchemar
perpétuel. En 1653, les impositions de la paroisse de
Tizac se montaient à 920 livres.

En 1654, le Fronsadais payait 27,363 livres de tailles,
dont 600 livres pour la paroisse de Tizac (²).

(¹) *Pièces justificatives*, n° 5.
(²) *Idem*, n° 6.

Le 7 décembre 1654, les habitants de Tizac reçurent une pancarte qui leur était adressée par Gédéon Tallemant, conseiller du roi, intendant de la justice, police et finances ès armées de Sa Majesté en la généralité de Guienne, Martial de Montalier, Louis de La Cour et Joseph de Conilh, trésoriers de France en Guienne, pour les avertir qu'ils étaient taxés à la somme de 400 livres, plus 6 deniers par livre pour les collecteurs, pour l'ustensile, quartier d'hiver, taillon, solde de la gendarmerie, ponts et chaussées de l'année 1655. La moitié devait être payée le 15 décembre 1654, et l'autre moitié dans les trois premiers mois de l'année suivante, « à peine d'y » estre contraints par les voyes de rigueur des ordon- » nances, et par logement effectif des troupes du Roy. » Six des principaux paroissiens seraient contraints solidairement au paiement de la somme exigée de la paroisse entière, si des asseeurs et des collecteurs n'étaient pas nommés immédiatement. Une pancarte semblable dut être envoyée dans toutes les autres paroisses de la généralité.

Quelques-unes d'entre elles n'obtempérèrent pas à cette invitation, et celle de Tizac fut du nombre, puisqu'elle reçut avis de l'autorisation suivante donnée par le maire de Bordeaux au sieur Saint-Cric, huissier :

« Le comte d'Estrades, et maire de Bourdeaux, et lieunant general, commandant en chef les armées du Roy et provinces de Guienne.

» Veu, par nous, la commission donnée par Monsieur Tallemant, intandant de la justice, police et finances dans la generalité de Bourdeaux, le 18 decembre dernier, pour faire tranporter le sieur Sainterie, huissier au bureau des finances, avec trois hommes à cheval et quinze à pied, dans l'élection de Bourdeaux, et donner main forte aux huissiers et sergens porteurs des contraintes, et receveurs ou commis à la recepte des tailles et autres natures de deniers, dans les paroisses où ils yront, et quy seront redevables d'icelles, depuis 1647, jusques et compris 1654 inclusivement. Nous avons, par ces presentes, et pour les causes contenues, permis audict Saintcric d'aller, avec les dictz trois hommes à cheval et quinze à pied, dans les jurisdictions et paroisses de ladicte ellection de Bourdeaux qui luy seront indiquées, par les receveurs commis d'icelles, estre redevables du quartier dernier des tailles de l'année presente, mesmes de celles des années dernieres, depuis 1647 jusques à 1653 inclusivement, pour excorter les huissiers ou sergens porteurs des contraintes d'icelles, conformement à icelle, et y demeurer jusques à l'entier payement de ce qu'ils doibvent. Aux consuls et habitants esquelles jurisdictions et communautés nous ordonnons de les recevoir et loger sans difficulté, à peine de desobeissance.

» Faict à Bourdeaux, le 23 decembre 1654.

» Signé D'ESTRADES, et, plus bas : par mondit seigneur SOUCHET, et scellé.

» SAINTCRIC, pour avoir l'original de ladicte ordonnance. »

Le 15 janvier suivant, la commission de Gédéon Tallemant fut signifiée aux habitants de Tizac, qui devaient les tailles des années 1651, 1652 et 1653.

Toutes ces ordonnances, commissions et menaces avaient produit peu d'effet; il n'y avait plus d'argent dans les campagnes, et, déjà même, avant de faire la levée du peu qui pouvait rester, on assignait aux troupes des quartiers d'hiver. Il était en effet décidé, bien avant la signification de la commission de M. Tallemant, que des troupes cantonneraient dans le Fronsadais, ainsi que le prouve la lettre suivante écrite à M. Landreau, procureur d'office du duché de Fronsac :

« Monsieur,

» Je viens de recevoir présentement une lettre, coppie de laquelle je vous envoy, du capitaine des gardes de M. d'Estrades. Je ne puis croire que nous ayons logement des gardes, scavoir l'esquipage de M. de Saint-Romain. Les mandemans qui sont venus portent : cartier d'iver, subsistance, ustanciles, qui me fait croire que si nous y mettons ordre, nous l'ampecherons. Ce seroit bien nostre ruine totale, car ils ont eu de Monerault (Monmoreau?), d'où ils partent, quarante mil livres. Je vous conjure de vous rendre icy lundy pour voir de quoy deviendra cette affaire, vous assurant que je suis, Monsieur, vostre tres humble et obeissant serviteur.

OLIVIER.

» J'attens de vos nouvelles par le porteur.

» A Fronsac, ce 8 janvier 1655. »

A la suite de cette lettre se trouvait la copie de celle du capitaine des gardes de M. d'Estrades, ainsi conçue :

« *A Monsieur Monsieur Olivier, lieutenant de Fronsac.*

> A Coutras, ce 7e janvier 1655.

» Monsieur,

» J'ay aprins que vous estiez adverty que la companie des gardes de M. le comte d'Estrades a ordre du roy pour le cartier d'iver dans Fronsac, vous m'obligerés de faire assambler les principaux de la jurisdiction, l'undy proche, où je me trouveray pour voir et faire loger et supsister ladicte companie, vous assurant que je suis, Monsieur, vostre tres humble serviteur.   ROUFFAICT.

» Je me trouveray, lundy et mardy, au bourg de Fronsac. »

Il n'est pas douteux que MM. Landreau et Olivier, et tous les autres officiers du Fronsadais et les notables du pays, n'aient fait tous leurs efforts pour éloigner ce fléau ; mais ils n'y réussirent pas. Au surplus, le capitaine de la compagnie des gardes de M. d'Estrades fit bien vite connaissance avec eux. Il n'était pas trop exigeant, si l'on en croit cette lettre qu'il écrivait un mois après son installation dans la juridiction de Fronsac :

« De Gaîgon, ce 18 février 1655.

» MONSIEUR,

» J'ay du desplesir de ne pouvoir vous aller voir n'estant en étact de prandre la bote à cause d'une senié (saignée) que j'ay u au pié. Je n'ay point veu Monsieur Olivier, je cré que le mauvés temps l'a empeché de venir ; je vous envoy trois gardes insi que vous m'avés demandé, je vous prie de recoumander aux cotisateurs de faire dilijanse, et qu'il ne faut poinct de friponnerie..... Je ne pretans rien que ma nouriture, et..... je m'asure que vous avés asés de bonté pour le peuple pour y tenir la min. Si vous avés quelque lievre qui ne se puisse garder jusques à Paque, nous le ferons metre en paté, et si vous estiés d'umeur d'an manger votre part, vous m'obligerés de l'anvoyer, et me mander le jour que vous viendrés ; vous assurant que je suis, Monsieur, votre tres humble et tres obeissant serviteur.   ROUFFAICT. »

Les tailles cependant se percevaient difficilement. Les ordonnances, les commissions, les sommations des sergents, les saisies des huissiers, rien n'y faisait ; et les logements des troupes, ajoutant à la misère, rendaient encore l'argent plus rare.

Une nouvelle ordonnance fut lancée, le 22 septembre 1655, par Antoine de Nort, chevalier, conseiller et avocat du roi en la généralité des finances de Guienne, commissaire député pour la liquidation des dépenses faites sur les impositions des années 1647 et suivantes jusqu'à la fin de 1653. Il y rappellait qu'il avait déjà publié deux ordonnances, le 12 juin et le 4 septembre précédent, aux fins que les consuls et collecteurs desdites années eussent à rapporter leurs rôles et quittances. Il ajoutait que tous n'y avaient pas satisfait, ceux de la paroisse de Tizac en particulier, et qu'en conséquence ils seraient contraints au paiement de sommes imposées sur cette paroisse pendant les années de leur exercice. Comme quelques-uns d'entre eux étaient morts, qu'en l'année 1652 il n'avait pas été nommé de cotisateurs et qu'aucun rôle n'avait été vérifié, il ordonnait aux habitants de Tizac de s'assembler au premier jour de fête, et de nommer des cotisateurs solvables à la place de ceux qui étaient décédés : deux d'entre eux au moins devaient être choisis parmi les plus fort imposés. Trois jours après, ces cotisateurs devaient instruire Étienne Pascault, commis d'Antoine de Nort, de leurs opérations, sous peine de payer les sommes imposées sur leur paroisse pendant lesdites années. Cette ordonnance fut signifiée aux habitants de Tizac le 14 octobre 1655.

Rien dans les collections d'archives que nous avons consultées ne nous fait connaître comment on parvint à payer les impôts.

La misère était à son comble dans le Fronsadais. Les malheureux habitants de cette seigneurie, obligés, en outre des impôts de toute nature, de solder les cens, rentes et autres devoirs dus aux seigneurs des fiefs qu'ils cultivaient, ne trouvant plus à vivre chez eux, abandonnaient le pays. Ceux qui restèrent s'adressèrent au prince de Condé, duc de Fronsac, le suppliant d'avoir égard à leur détresse et de les faire exempter des tailles et autres taxes qu'il leur était impossible de payer. Le curé de Maransin fut chargé de rédiger leur requête.

Il représentait au prince que, pendant son absence,

les manants et habitants de son duché avaient toujours
été l'objet de la persécution et de la rage des gens de
guerre; qu'outre les sommes énormes employées à faire
vivre et à loger les régiments de Montesson, d'Estrades
et de Saint-Romain, qui avaient campé à plusieurs
reprises dans le duché, de sorte que les champs n'avaient
pu être cultivés, leurs tailles avaient été élevées au
double de celles des juridictions voisines dont les seigneurs avaient obtenu une décharge; ils étaient, en
conséquence, aussi misérables que durant la guerre.
Pour surcroît de calamité, la grêle avait enlevé les
récoltes de 1657 et 1659 (¹). Le rédacteur de la requête
ajoutait que, depuis le mois de novembre, les troupes
de MM. de Mercœur et de La Valette exerçaient contre
eux toutes les cruautés imaginables pour les forcer à
payer les arrérages; et comme les plus misérables seuls
n'avaient pas payé, les soldats logeaient chez ceux qui
ne devaient rien, y faisaient de grandes dépenses, et,
pour se procurer de l'argent, pillaient tout ce qu'ils trouvaient dans les maisons, violaient les femmes, et battaient

(¹) Le 9 septembre 1649, la grêle ravagea la paroisse de Tizac.
Raimond de Boucher, écuyer, avocat au parlement, juge ordinaire
du duché de Fronsac, et seigneur de la maison noble de Rabanier,
située dans la paroisse de Saint-Ciers-d'Abzac, y demeurant, fit faire
une enquête sur les dégats qu'elle avait occasionnés. Les commissaires déclarèrent qu'on ne récolterait pas un tonneau de vin dans
toute la paroisse; que les vignes avaient été tellement abîmées qu'il
y aurait peu de vin l'année suivante, que les millets avaient été
criblés.

Le 8 juin 1653 et le 8 juin 1659, la grêle enleva tous les blés de la
paroisse de Tizac, et les vignes furent hachées.

La requête du curé de Maransin nous apprend que la grêle ravagea
le pays en 1657 et 1659.

Au mois de juin 1668, le même fléau enleva presque toute la
récolte de blé et de vin de la paroisse de Tizac.

les hommes après les avoir attachés aux pieds de leurs lits. Aussi tous ceux qui pouvaient partir désertaient le pays (¹).

Cette requête, au surplus, pourrait paraître exagérée et faire un tableau chargé des malheurs du temps, de l'indiscipline des soldats, du pillage des campagnes et des crimes commis pendant cette déplorable guerre de la Fronde et les années qui l'ont suivie, si les Lettres de pardon, accordées par Louis XIV aux troupes, et aux paysans qui avaient tant souffert, ne venaient la corroborer.

» *Desclaration du roy portant pardon et abolition en faveur de ceux de troupes qui ont commis des excès et desordres, durant la guerre, et des habitans de la frontiere et des provinces du royaume, où lesdictz gens de guerre ont passé et sejourné.*

» Louis, par la grace de Dieu, roy de France et de Navarre, à tous presens et avenir, salut.

» Ayant consideré que, pendant la guerre, et particulierement durant et despuis les derniers troubles exités dans la Guienne, il a esté commis divers exés et violances, tant par nos gens de guerre que par les manans et habitans de nos frontieres et des provinces de nostre royaume, où il y a eu de nos troupes en garnison ; savoir, par nosditz gens de guerre, dans les lieux où ilz ont eu à passer, loger et sejourner, dans lesquelz ilz ont battu et exedé des habitans pour les obliger à donner de l'argent ou des vivres, dont quelqu'uns en sont decedez, pris et enlevé leurs bestiaux, enporté leurs meubles, abbattu leurs maisons et commis plusieurs autres desordres, pour rai-

---

(¹) J'aurais voulu donner le texte de cette navrante requête, écrite par un témoin oculaire ; malheureusement, la copie qui se trouve dans les archives de La Taste est déchirée en plusieurs endroits, et tellement effacée par l'humidité qu'il m'a été impossible de la lire en entier ; souvent je n'ai pu déchiffrer que des fragments de phrases.

son desquelz nous avons appris qu'aucuns de ceux qui les ont souffertz, en ayant fait informer, poursuivent en justice, des officiers desdites troupes. Et par lesditz manans et habitans des villages situez sur nosdites frontieres et dans nos provinces, lesquelz ont pris les armes et commis plusieurs rebellions et voyes de fait contre nosditz gens de guerre, qu'ils ont charchez, blessez ou tuez, pour raison de quoy l'on pourroit avoir aussy decreté et informé.

» Et comme nous savons que les desordres commis par nosditz gens de guerre n'ont procedé, pour la pluspart, que du manquement de leur payement et de ce que les estapes n'ont pas esté regulierement fournies dans les lieux où ilz ont eu à loger pour aller de province à autre; la longueur de la guerre et les troubles intestins de l'estat nous ayant osté les moyens d'y subvenir aussy ponctuellement qu'il eust esté à desirer; et qu'aussy, dans les differentes marches que nosdites troupes ont esté obligées de faire, il n'a pas esté au pouvoir des chefs et officiers qui les commandoient de les contenir entierement dans la discipline, et d'empescher qu'ilz ne commissent des desordres; veu mesme que, lorsque nous nous sommes trouvez à la teste de noz armées, quelque soin et quelque diligence que nous ayons fait aporter pour les arrester, il ne s'est peu faire qu'il n'en ayt esté commis quelcun.

» Et que nous sommes aussy bien informés que lesditz manans et habitans ne se sont pour la pluspart portez à ces extremitez, et à commettre ces exès contre noz troupes que pour conserver leurs bestiaux, et pour se garantir d'autres desordres desditz gens de guerre.

» Nous avons estimé qu'il ne seroit pas juste que lesditz officiers en fussent responsables et qu'ilz portassent la peyne des fautes qu'ilz n'ont point commises, et que la seule necessité d'avoir de quoy vivre et subcister a cauzez; mettant d'ailleurs en consideration les grandz et utiles services que nous avons receus de noz troupes pendant la derniere guerre, et particulierement des officiers d'icelles, lesquels ont exposé leurs vies, en toutes occa-

sions, pour nostre service, et ont, la plus part, consumé
la meilleure partie de leur bien, et qu'ayant contribué,
comme ilz ont faict, à la paix, il ne seroit pas resonnable
qu'eux seulz fussent privez des fruitz d'icelle, et qu'ilz
ne peussent jouir du repos qu'ilz ont acquis aux autres
par leurs travaux et au peril de leur sang.

» Et considerant qu'il ne seroit point aussy rezonnable
que noz sujetz habitans des frontieres et autres qui ont
beaucoup souffert, tant pour l'incursion des ennemis que
par les frequens passages et logement de noz troupes, et
qui n'ont esté reduitz à prendre les armes et commettre
les exès susditz que par l'insolence et le mauvais traite-
ment des gens de guerre, et afin de conserver leurs biens
pour leur subsistance et pour avoir plus de moyen de
satisfere au payement des deniers de nos tailles, en fussent poursuivis et inquietez.

» Nous avons resolu, tant pour ces considerations que
pour celle de la paix et de nostre heureux mariage,
d'abolir les crimes et desordres susditz, et mettre à couvert tous les officiers de nos troupes et les habitans des
villages situez sur les frontieres et ailleurs, de toutes les
poursuites et recherches qui se font et pourroyent estre
faites, cy après, contre eux, soubs ces pretextes.

» Savoir faisons que, nous, pour ces causes, et autres à
ce nous mouvans, et après avoir, sur ce, pris l'advis de
nostre conseil où nous avons fait mettre cette affaire en
deliberation, avons, de nostre propre mouvement, grace
spéciale, pleine puissance et authorité royale, dit, desclaré
et ordonné, disons, desclarons et ordonnons, par ses presentes, signées de nostre main; voulons et nous plaist
que tous et chacuns les exès, violances, pillages, meurtres et autres crimes et desordres faitz, par ceux de nos
troupes, pendant la dernière guerre, ensemble les rebellions, violances et meurtres commis, par aucuns villa-
geois, contre ceux de noz troupes, à l'occazion de la
guerre, et, despuis icelle, jusques à présent, et, en quelque
sorte et maniere que le tout puisse avoir esté commis, à
l'exception toutes fois de ceux faitz volontairement et de
guet à pan, par prodition, pour exercer vengeance particuliere, ravissement de femmes ou filles, soient esteins et

abolis, comme nous les esteignons et abolissons par ces dites presentes, et iceux avons remis, quittez et pardonnez, quittons, remettons, pardonnons et abolissons, à ceux de nozditz gens de guerre et desditz habitans qui les auront commis et s'en trouveroient coupables, encore que lesditz crimes ne soyent cy particulierement specifiés, voulons que la memoire en soit à jamais esteinte, suprimée et abolie, et que le tout demeure comme non advenu, sans qu'ilz en puissent estre recherchez, inquietez ny poursuivis directement ny indirectement, à present ny à l'advenir, par quelque personne et sous quelque pretexte que ce puisse estre, et leur avons remis et remettons toute peine, amande et offance corporelle, civile et criminelle, en quoy ilz pourroient estre encourreus envers nous et justice; mettant à neant toutes informations, decret et jugement, arestz et autres procedures criminelles, mesme toutes condamnations, sayzie et annotation de biens et de tout ce qui peut s'en estre ensuivy; imposant, sur ce, silence perpetuel à touz nos procureurs generaux, leurs substituts et tous autres.

» Sy donnons en mandement à noz amés, feaux, les gens tenans noz cours de parlement, baillis, seneschaux, prevostz, juges, leurs lieutenans et tous autres nos officiers qu'il appartiendra que ces presentes ilz fassent publier et enregistrer et icelles entretenir, garder et observer selon leur forme et teneur, sans y contrevenir n'y permettre qu'il y soit contrevenu en aucune maniere; cessant et faisant cesser tous troubles et enpeschements, et ce à l'exception susdite; car tel est nostre bon plaisir; et, afin que ce soit chose ferme et stable à tousjours, nous avons faict mettre nostre seel à ces presentes; sauf entre autres choses, notre droit et l'autruy.

» Donné à Paris, au mois de novembre, l'an de grâce mil six cens soixante, et de nostre regne le dix-huit, signé : LOUIS, et, sur le reply, pour le roy : LETELLIER, et scellées sur lac de soie, du grand seau de cire verte.

· » Collationné aux originaux par moy conseiller secretaire du roy, maison et couronne de France et de ses finances.   » TURPIN. »

Les lettres suivantes sont moins générales; elles ne s'adressent qu'à quelques révoltés des juridictions de Coutras, de Montguyon et autres lieux circonvoisins. Elles ne sont pas datées, mais elles paraissent avoir été publiées à la même époque que les précédentes. Elles dévoilent des faits qui, je crois, n'ont pas été connus des historiens de Bordeaux.

« Lettres de pardon, accordées à quelques révoltés des jurisdictions de Coutras et de Montguion et autres lieux circonvoisins.

» Louis, par la grâce de Dieu, Roy de France et de Navarre, à tous presens et avenir, salut.

» Aucuns des manans et habitans des bourgs et jurisdictions de Coutras, Monguion et autres lieux circonvoisins, nous ont faict remontrer que l'année 1656, estant arrivé un souslevement sur le port appellé de Laubardemont, proche le bourg de Coutras, contre la compagnie d'ordonnance de nostre cousin le duc de Saint-Simon, le sieur de Saint-Luc, nostre lieutenant general en la province de Guienne, fut obligé d'employer la force de nos armes pour dissiper ladicte sedition, et restablir, entre nos subjects desdicts lieux, la sureté et tranquilité qui avoit esté de beaucoup alterees par le moyen de ladicte sedition. Lequel s'estant, pour cet effet, transporté audict bourg de Coutras, avec nos troupes et le sieur de Tallemant, lors intendant de nostre justice en Guienne, la maison des nommés Drouaulx freres, aussi bien que celle du nommé Clion, tous de cette faction, auroient esté bruslées par nos troupes, et celles des nommés Cassaire, Laprade et autres, abatues et mises à terre. Et, de la part de nostre dict intendant, il auroit esté informé de ladicte sedition, et rendu ordonnance par ledict sieur de Saint-Luc, audict bourg de Coutras, le 28 avril audict an 1656, par laquelle, soubz nostre bon plaisir, il auroit pardonné ledict souslevement et rebellion, ce que nous aurions confirmé par nostre declaration du 13 may 1656; mais d'autant que, par ladicte declaration, il y en eust plusieurs d'exeptés, ilz se seroient, avec ceux dont lesdictes maisons avoient esté brulées et abatues, portés dans un tel desespoir, se voyans privés de la grace que nous avions accordée aux autres, qu'ilz se seroient plusieurs fois atroupés, et commis plusieurs crimes de volleries, pillages et bruslement d'une certaine grange.

» Et ayant ledit sieur de Tallemant instruit, par contumace, la procedure par lui encommencée audict bourg de Coutras, il auroit, le sixiesme de juillet 1656, prononcé sentance de condemnation de mort contre aucuns des coupables, et decreté contre d'autres, et le nommé Dubreuil, l'un d'iceux ayant esté capturé et mené es prisons de nostre Cour des Aydes, lors seante à Libourne, il y auroit esté conduit et executé à mort. Et, le desordre desdits exceptés continuant, au mois d'octobre dernier, que la compagnie de Marin, commandée par le sieur de Veyssiere, fut logée à Monguion, ils se seroient de rechef atroupés et allés contre ladicte compagnie, laquelle les auroit repoussés, en auroit tué quinze ou vingt sur la place et pris nombre d'autres prisonniers. Ausquels le procès ayant esté faict par nos eslus de Xaintes, nostre amé et feal le sieur de Hotman, intendant de nostre province de Guienne et isles de Xaintonge, auroit, par sa sentance et jugement souverain, rendu au presidial de Xaintes, condemné l'un des coupables à la peine de mort, lequel auroit esté executé sur les lieux; d'autres aux galleres et d'autres au banissement.

» A la suite de quoy, et au mesme mois d'octobre ou de novembre ensuivant, il y eut encore un autre atroupement au lieu appelé des Grands Barraud (¹) en ladicte jurisdiction de Coutras contre les compagnies de Mercueur et de La Valette, où les chefs desdicts sedicieux, l'un nommé Drouhaud et l'autre Moreau de Martin furent tués sur la place avec vingt-cinq ou trente desdicts soulevés, et plusieurs autres faits prisonniers et menés par lesdicts gens de guerre au chasteau de Coutras, d'où s'estant esvadés ilz ont esté poursuivis par contumace.

(¹) Les Grands Barraud, commune du Fieux.

Lesquelz ayans eu recours à nostre clemence et supliés
de considerer qu'ilz n'ont esté obligez à prendre les armes
qu'à cause des violemens de leurs femmes et filles, pilleries et autres mauvais traitemens desquels les gens de
guerre ont usé en leur endroit, et à commettre les autres
exès dont ilz sont accusés que pour subsister et s'empescher de perir de faim, pendant qu'ilz estoient atroupés,
et pour cuider conserver leurs biens du pillage desdits
cavaliers, pour avoir plus de moyen de payer les deniers
de nos tailles.

» Nous avons resolu, tant pour cette consideration que
pour celle de la paix et de nostre heureux mariage et du
chastiment qui a desjà esté faict desdictz seditieux et
rebelles, tant par nos troupes que par nostre justice, de
donner pardon et amnistie à ceux qui restent et leurs
complices, en abolissant les crimes et desordres susditz,
et mettant à couvert les habitans desdictz bourgs et juridictions de Coutras, Monguion et autres lieux circonvoisins, de toutes les poursuites et recherches qui se font et
feront, cy après, contre eux, soubz ces pretextes.

» Scavoir faisons que, nous, pour ces causes, et autres
à ce nous mouvans, après avoir, sur ce, pris l'avis de
nostre conseil, où nous avons faict mettre l'affaire en
delliberation, avons, de nostre propre mouvement, grace
speciale, pleine puissance et autorité roialle, quitté, remis,
pardonné, esteint et aboli; quittons, remettons, pardonnons et esteignons ausditz habitans des bourgs et jurisdictions de Coutras, Monguion et autres lieux circonvoisins qui se sont atroupés et souslevés en armes contre
nostre autorité et service, soit despuis et avant nostre dite
declaration et ordonnance dudit sieur de Saint-Luc, de
quelle quallité et condition qu'ils soient, mesmes à tous
ceux qui sont compris et nommés dans nostre dite declaration et ordonnance dudit sieur de Saint-Luc comme
exceptés de ladite abolition, sans aucun reserver ni
excepter, les crimes de sedition, rebellion et revolte ci-
dessus mentionnés, et tous les meurtres, exès, bruslemens
et pillages exceptés et non exceptés par ladite ordonnance,
de quelle nature qu'ils puissent estre, ensemble tout ce

qui a esté fait par ceux qui ont participé en quelque sorte et maniere que lesdits crimes et exès ont esté commis, mesmes ceux dont ilz sont poursuivis, tant en cour qu'autrement, dudit jugement rendu par ledit sieur Hotman, que par lesdits Faure Saint-Genés et ledit Veyssières et tous autres.

» Voulons que la mémoire en soit à jamais esteinte, et qu'ils ne puissent estre recherchés ny inquietés ores ny à l'avenir, nonobstant que lesdits crimes ne soient cy particulierement exprimés. Et, à ces fins, les en avons deschargés et deschargeons, et les avons remis et restitués, remettons et restituons, en leurs bonnes fames et renommée, au païs et en leurs biens, non d'ailleurs confisqués; leur remettant toutes peines et amendes corporelle, criminelle, civille, en quoi, pour raison de ce, ils pourroient estre encourus envers nous et justice. Cassons, revoquons et anullons toutes procedures, informations, decrets, sentances, jugemens et arrest qui s'en pourroient estre ensuivis; imposons sur ce..... perpetuelle à nos procureurs généraux, leurs substituts et à tous autres, à la charge par eux de se contenir, à l'avenir, en leur devoir, sur peine d'estre descheus de nostre presente grace. »

Jamais, à aucune époque peut-être, les campagnes n'avaient été plus malheureuses; et, depuis lors, elles n'ont commencé à respirer qu'à la chute du premier empire, en 1815. Après la Fronde, les guerres continuelles entreprises par Louis XIV, et les folles dépenses qu'il faisait à Versailles et ailleurs, les dépeuplaient et les ruinaient. Presque tous les ans on levait des soldats, et, comme toujours, les hommes jeunes et valides étaient obligés de partir.

Le 2 février 1666, M. de Thodias, qui commandait dans le Fronsadais, reçut de M. de Saint-Luc, gouverneur de la Guienne, l'ordre suivant : « Monsieur le com» mandant de Thodias prendra la peine au plustost, » s'agissant du service du roy, de faire un estat, certiffié

» par les officiers des lieux, des hommes armés, soit à
» pied ou à cheval, que les paroisses du duché de Fronsac
» et Coutras, ensemble Guistres, pourront fournir dans
» l'occasion; comme aussi il mettra dans ledit estat le
» nom des gentilshommes qui habitent les paroisses. Il
» prendra aussi la peine de faire des capitaines, dans
» chaque paroisse, pour conduire les milices lorsqu'il
» sera besoin, recommandant à un chascun se tenir prest.
» Il faudra que le nom des officiers qu'il recepvra soit
» compris dans les estats. »

En conséquence de cet ordre, que M. de Thodias envoya
aux officiers des diverses juridictions, Pierre de Paty,
écuyer, sénéchal du duché de Fronsac; Henry du Reau,
son lieutenant; Jean de Richon, juge ordinaire dudit
duché; Jean Olivier, son lieutenant, et Arnaud Landreau,
procureur fiscal, chargèrent, le 1er mars 1666, les recru-
teurs des paroisses du Fronsadais de faire cette liste,
sous peine de 50 livres d'amende; et de recommander
aux hommes qu'ils choisiraient « de se munir d'espées,
» de fusils, de mousquets, de mousquetons ou autres
» armes à feu, » et de se rendre, le 3 du même mois,
dans la place publique, près du port de Girard, à Fronsac,
sous peine, contre les contrevenants, de 50 livres
d'amende. Le 4 mai suivant, M. de Thodias leur écrivit,
de Cadillac en Fronsadais, d'avoir à réunir, le dimanche
suivant, les troupes qu'ils avaient levées, parce qu'il en
voulait passer la revue.

Le 4 avril 1674, le maréchal d'Albret, gouverneur de
la Guienne, donna l'ordre à Samuel de Jonglains, seigneur de La Cave, Chermont et Montégut, de faire la
revue des milices, des bords de la Dordogne, depuis
Castillon jusqu'au Cubzaguès, en comprenant les communautés de Saint-Émilion, Coutras et Guîtres, mais

non celle de Libourne; de composer des compagnies, à
pied, de 30 hommes, et de fusiliers à cheval de 40; et
de faire choix, avec les officiers et les magistrats des
localités, des hommes les plus capables pour en faire
des capitaines, lieutenants, enseignes et sergents; et un
état des vieux officiers ayant servi dans les troupes du
roi. M. de Jonglains engagea les officiers de la sénéchaussée de Fronsac à venir le trouver au parquet du
chef-lieu pour s'entendre à ce sujet.

Pendant le dix-huitième siècle, la paroisse de Tizac
suivit la fortune du reste du duché de Fronsac avec
lequel se confond son histoire; du moins les documents
que j'ai consultés ne signalent, pour elle, rien de
particulier.

II

ÉGLISE

L'église de Saint-Pierre de Tizac n'est pas belle, mais
elle n'est cependant pas complètement dépourvue d'in-
térêt; elle offre d'abord celui de n'avoir pas été restaurée
dans ces derniers temps, d'être encore à peu près intacte,
et de ne pas ressembler à toutes ces églises refaites à
neuf, dans un style qui n'a, souvent, de roman ou
d'ogival que le nom.

Elle se compose d'une nef lambrissée, accompagnée, au
sud, d'un bas-côté très étroit, recouvert aussi d'un lam-
bris. Elle est terminée, à l'orient, par une abside romane
semi-circulaire. Le chœur est voûté en berceau ogival,
et le sanctuaire en cul-de-four. L'arc triomphal ogival
repose sur des colonnes engagées, à chapiteaux romans

sans ornementation. L'abside est soutenue par des contre-forts plats, qui montent, d'une venue, jusqu'à la corniche, où ils s'amortissent en biseau. Entre les contre-forts s'ouvrent d'étroites fenêtres en plein cintre, surmontées d'une archivolte d'entrelacs ou de palmettes. La corniche, supportant la toiture en tuiles creuses, s'appuie sur des modillons très simples. Contre le sud du chœur s'avance une chapelle seigneuriale du dix-septième siècle.

Le portail est du quatorzième siècle; il s'ouvre sous trois archivoltes ogivales en retrait, retombant sur des colonnettes à baguettes dont les chapiteaux sont tellement empâtés de badigeon qu'il est impossible de distinguer leurs sculptures.

Le clocher, sur la façade, n'est qu'un pignon surhaussé, percé de deux baies, dans chacune desquelles est une cloche. L'une d'elles porte cette inscription : L'AN . MIL . Vᵉ . VI . IE . FUS . FAICTE . POUR . SAIT . PIERRE . DE TIZAC . EN . FRONSADOIS.

L'autre, celle-ci : L'AN . 1780 . JE . ÉTÉ . REFONDUE . Pʳ . Sᵗ . PIERRE . DE . TIZAC . Mʳ . DE . CAZALS . CURÉ.

MESSIRE . PIERRE-FRANÇOIS-MARGUERITE . DE . LABAT . PARIN .

DEMOISELLE-ANNE-MARIE-THÉRÈSE . DE . LABAT . MARRAINE . PIERRE . MEYNET . SINDICQ . PIERRE . COUJON . OUVRIER . FAITE . PAR . TURMEAU . BORDEAUX.

L'église était, au dix-septième siècle, entourée de fossés.

Nous avons trouvé très peu de documents concernant l'église de Tizac; aussi, l'étude seule de ses caractères architectoniques nous servira pour fixer les dates de ses diverses parties. La reconstruction totale a eu lieu au douzième siècle. Au quatorzième, on a bâti, ou plutôt reconstruit, la façade et peut-être le clocher. Au seizième siècle, le bas-côté. La disgracieuse chapelle, qui fait bosso au sud, fut élevée, au dix-septième siècle, par Arnaud Landreau, seigneur de la maison noble de La Taste, procureur fiscal du duché de Fronsac. Par son testament, du 11 octobre 1674, il demanda à y être enterré. Il avait, en outre, donné 30 livres pour les réparations de l'église.

Vers la même époque, Alexis Bouchet, curé de Tizac, avait donné à l'église 14 livres 14 sous. Le 23 septembre 1694, il légua 200 livres pour les réparations de la même église, et 200 autres livres pour aider les filles pauvres à se marier. Enfin, vers le même temps, d'autres personnes avaient donné diverses sommes qui, avec les précédentes, s'élevaient à 487 livres 2 deniers.

Dans le compte des fonds employés, provenant de cette somme, fourni le 2 avril 1713, on trouve 150 livres pour le tabernacle, et 100 livres au sieur Fournier, peintre, pour le rétable.

Au commencement du dix-neuvième siècle, la paroisse de Tizac ayant été annexée à celle de La Pouyade, les paroissiens s'en plaignirent. Le conseil municipal, reconnaissant la justesse de ces plaintes, prit la délibération suivante, datée du 19 février 1809 :

« Le conseil municipal de Tizac s'étant rassemblé à
» l'effet de délibérer en conformité de l'article 9 de la loi
» du 30 septembre 1807, et au sujet de l'ordonnance de
» l'archevêque de Bordeaux, en date du 9 décembre
» dernier, touchant la circonscription des paroisses du
» diocèse, portant réunion de la paroisse de Tizac à celle
» de La Pouyade;
     » Le conseil considérant l'éloignement des villages de
» cette commune à l'église de La Pouyade; qu'elle est
» séparée par un ruisseau considérable inondé tout l'hiver,
» que les chemins sont impraticables toute l'année;
     » Considérant qu'il seroit impossible aux habitants de

» ladite commune de Tizac de satisfaire aux devoirs de la
» religion si cette église était totalement supprimée;
    » Considérant qu'il en résulterait des inconvénients
» soit pour présenter les enfants au baptême, soit pour la
» visite des malades, et surtout pour l'instruction de la
» jeunesse;
    » Considérant enfin qu'il est important de conserver,
» comme chapelle, l'église de Tizac, et, en conformité de
» la loi du 30 septembre 1807, nous nous engageons, tant
» pour nous que pour tous autres habitants de ladite
» commune de Tizac, et successeurs, de payer annuelle-
» ment, et au marc le franc des contributions, une somme
» de quatre cents francs pour servir à la dotation du
» chapelain, comme aussi de pourvoir à tous les objets
» nécessaires pour le culte et à l'entretien de l'église. »
    Suivent les signatures des membres du conseil muni-
cipal, et   MALESCOT, *maire*.

Nous avons parlé plus haut des tailles et des divers
impôts qui frappaient la paroisse de Tizac. Les habitants
avaient d'autres charges, peu considérables il est vrai,
mais qui, ajoutées aux premières, étaient quelquefois
difficiles à porter : c'étaient, entre autres, les quartières
dues à l'archevêque par les curés des paroisses.

Il existe aux Archives départementales trois lièves
imprimées de ces quartières. La première, qui est de
l'an 1235, ne donne pas le détail de ce que chaque
paroisse devait payer, mais elle indique que celles du
Fronsadais devaient les porter, en nature, au port de
Carney *(de Carnerio)*. Dans la seconde, qui est du
12 août 1420, Saint-Pierre de Tizac, qui, sans doute par
une erreur typographique, est appelée *Sanctus Petrus de
Salhac,* est taxée à un setier de froment et autant
d'avoine. Le curé de cette paroisse composa avec le
receveur, qui reçut en argent 12 liv. 15 s. La troisième
liève imprimée est de 1546. Tizac devait alors huit bois-

scaux de seigle et autant d'avoine. La Société des Archives
historiques de la Gironde en a imprimé (tome X, page 440)
une quatrième, que j'ai trouvée dans les archives du
château de Vayres. Elle est de 1649, et la taxe pour
chaque paroisse est la même que dans les quartières de
1546. Enfin, les comptes manuscrits de l'archevêché, du
quatorzième, du quinzième et du seizième siècles (¹),
contiennent une grande quantité de lièves des quartières,
dans lesquelles la taxe de chaque paroisse est semblable
à celle indiquée dans les lièves imprimées. On voit, dans
ces comptes, que, dans certaines occasions du moins,
le curé avait la faculté de payer en nature ou en argent;
aussi, le 28 novembre 1651, Jean Geoffret, bourgeois et
marchand orfévre de Bordeaux, chargé probablement de
faire la levée de cet impôt, donna quittance, au curé de
'.izac, de huit boisseaux de seigle et autant d'avoine,
moitié comble, moitié ras, pour les quartières de l'année.
En marge de cette quittance est écrit : 104 livres. Dans
une quittance de 1658, on trouve que le seigle valait
4 livres 10 sous, et l'avoine 3 livres 5 sous le boisseau.

Le nom des curés de Tizac ne nous est pas connu
avant la fin du seizième siècle; ils vivaient probablement
de leur temporel et du peu que le casuel leur rapportait.
Louis Justi, qui dirigeait la paroisse à cette époque,
possédait 13 sous tournois et trois gélines de rente fon-
cière et directe, sur deux maisons avec terres, vignes et
jardins, situés dans le bourg de Tizac, au sud de l'église.
Lors de la vente d'une partie du temporel des ecclésias-
tiques du diocèse de Bordeaux, son bénéfice fut taxé à
la somme de 16 livres tournois. Ne l'ayant pas payée,

(¹) *Archives départementales.*

les commissaires, chargés de la vente, firent apposer des affiches contre les portes des églises de Maransin, de La Pouyade et de Tizac pour prévenir le public qu'on mettait en vente, au plus offrant, les 13 sous et trois gélines de rente. Le sieur Gaxiot Lesnier, capitaine, s'en rendit adjudicataire au prix de 12 écus sol.

Jean Labat était curé de Tizac en 1636; il fut témoin du contrat de mariage passé entre Me Arnaud Landreau, procureur d'office du duché de Fronsac, et Jeanne du Reau.

En 1651, Jean Sambat ou Samblat paie les quartières dues à l'archevêque, qui, le 22 mai 1658, le nomma chapelain d'une chapellenie, fondée dans l'église de Saint-Seurin-lès-Bordeaux, par suite de la démission de Me Simon Landreau, qui fut nommé curé de Tizac, et prit bientôt après possession de sa cure. Le 22 décembre suivant, il fut témoin d'un acte de vente faite par Pierre de Lesnier, écuyer, sieur de Lestang, à Aman de Lesnier, écuyer, sieur de Broussard, son frère (1).

Nous avons vu plus haut que, par son testament, du 23 septembre 1694, Alexis Bouchet, curé de Tizac, avait donné 200 livres pour les réparations de l'église, et 200 livres pour doter des filles pauvres.

Barbe était curé de cette paroisse en 1698.

De Cazals, en 1780, fait inscrire son nom sur la cloche.

Le citoyen Grand-Jean était curé en 1794.

Il ne faut pas croire qu'avant 1789 les curés ne payaient aucune espèce d'impôt. Si quelques-uns d'entre eux avaient des cures qui leur donnaient de beaux revenus, d'autres étaient fort pauvres, et les charges de tous étaient considérables, surtout à partir du dix-septième

(1) Archives de M. Trapaud de Colombe.

siècle. Les archives du château de la Taste nous en donnent une nouvelle preuve. Ainsi, une somme de 33 liv. 19 s. 2 d. était, tous les ans, prélevée sur les curés du diocèse de Bordeaux « pour les trois décimes » ordinaires, et quatre deniers obole, et subventions du » clergé dudit dioceze, et pour les gages et taxations du » receveur ancien particulier, entretenement du semi- » naire, frais ordinaires du dioceze, et pour l'entretien » des ministres convertis à la religion catholique, apos- » tolique, romaine, pour l'outre plus, et pour partie des » gages des receveur alternatif particulier, et controol- » leurs ancien et alternatif diocezains, imposez l'an 1622; » et pour les gages et taxations ordinaires des receveurs » et controolleurs generaux provinciaux triennaux, et » pour l'augmentation des gages des receveurs et con- » troolleurs particuliers, ancien et alternatif, imposez » l'an 1626; et pour les gages et taxations des receveurs » et controolleurs triennaux, particuliers imposez l'an » 1628; et pour les cent mil six cens quarante-cinq » livres seize sols huiet deniers de rente imposée l'an » 1636; et pour le supplement de la taxe que les cha- » pelles n'ont peu porter; finalement pour la somme de » treize cens vingt livres, quinze sols, trois deniers pour » les cent mil livres imposées l'an 1646 pour l'augmen- » tation des gages des officiers des decimes. »

Il faut ajouter à cette taxe régulière des impositions particulières et variables, levées pour divers motifs. Ainsi, en 1655 le curé de Tizac eut à payer la somme de 7 liv. 10 s. 0. d. pour sa cote-part de trois impositions établies par les vicaires généraux du diocèse de Bordeaux, l'une de 9,697 liv., la seconde 897 liv., et la troi-sième de 152 liv. 19 s. 11 d. Cette dernière pour les frais de l'assemblée du clergé tenue en 1655.

En 1658, il eut à payer celle de 22 liv. 12 s. 6 d. pour sa part du don fait au roi, et d'une imposition extraordinaire décrétée le 15 septembre 1657.

En 1662, celle de 5 liv. 16 s. 11 d. pour une imposition extraordinaire de 5,935 liv. 9 s. 6 d. établie en 1660; et 8 liv. 4 s. pour une autre imposition de 19,468 liv. 4 s. 10 d. établie en 1661.

En 1664, 28 s. 6 d. pour les six termes restant à lever des 1,326 liv. 3 s. 5 d. ci-devant imposés pour les frais de l'assemblée générale de 1665, qui devaient être payés en février 1664.

En 1666, 2 liv. 11 s. 3 d. pour sa part des 200,000 liv. de supplément des frais de l'assemblée générale du clergé de France.

En 1667 et 1668, et pour chaque année, 3 livres pour sa part des 22,052 livres imposées au diocèse pour le don accordé au roi par l'assemblée générale du clergé de France tenue, à Paris, en 1666; et celle de 21 s. 2 d. obole pour sa part des 2,994 liv. 3 s. 2 d. imposés au diocèse par ladite assemblée, pour le remboursement de M. le Receveur général dudit clergé.

En 1671, 30 sols pour sa part de la somme de 22,000 liv. d'extraordinaire, imposée au diocèse de Bordeaux, pour le don accordé au roi par l'assemblée générale du clergé, tenue en 1670.

III

CHATEAUX

LA MOTTE-LAMBREVILLE

Les Romains ou plutôt les Gallo-Romains ont habité le territoire de la paroisse de Tizac. On a trouvé des substructions romaines au village de Godicheau. Il est probable qu'en cherchant bien on en trouverait en beaucoup d'autres endroits. Les Gaulois ont dû y précéder les Romains. Jusqu'à présent, cependant, on n'en a pas trouvé la preuve matérielle, à moins que l'on ne considère La Motte-Lambreville comme une forteresse gauloise, mais rien ne le prouve; elle peut être celtique, gauloise, romaine, normande, et descendre même jusqu'au onzième siècle de l'ère chrétienne. Des fouilles seules pourraient, peut-être, dévoiler la vérité. Les peuples, arrivés au même degré de civilisation, élevaient des forteresses semblables dans tous les pays, quelle que fût d'ailleurs l'époque du monde pendant laquelle ils vivaient.

Le plan de La Motte-Lambreville est circulaire; c'est une butte qui a 60 mètres environ de diamètre, à la base, et 6 mètres de haut. Elle s'élève, au sud du bourg de Tizac, sur la rive gauche du Godicheau. Une profonde coupure, précédée d'une barbacane actuellement déformée, l'isole du plateau situé à l'orient. Des pentes abruptes la défendent des autres côtés. Un chemin de ronde en fait le tour au niveau du fond de la coupure. On n'y remarque aucune trace de constructions en pierre.

Une butte à peu près semblable à La Motte-Lambreville existait au hameau de Lavagnac.

TAILLEFER.

Le château de Taillefer est situé sur la rive gauche du Graviange, à peu de distance de son confluent avec la Saye. Il se divise en deux parties : la plus ancienne est une construction rectangulaire, composée d'un rez-de-chaussée et d'un premier étage. Elle est recouverte d'une haute toiture en tuiles plates, et flanquée de deux tours. L'une est ronde, et l'autre exagone renferme l'escalier et baigne ses pieds dans le Graviange. La seconde partie du château, sans harmonie avec la première, a été construite au siècle dernier. Il ne reste aucune trace des fortifications élevées pendant la Fronde.

On ne trouve aucune mention du château de Taillefer avant la fin du seizième siècle. Il appartenait alors à Gassiot de Lesnier, d'une famille qui paraît originaire du Fronsadais, où l'on trouve une grande quantité de localités portant ce nom. Gassiot qui acheta, comme nous l'avons vu plus haut, les rentes possédées par le curé de Tizac, prenait alors le simple titre de capitaine. Dix ans plus tard, dans un acte de vente, il était qualifié d'écuyer, sieur de Taillefer. Ses descendants ont conservé ce titre de noblesse, que Gassiot avait probablement conquis sur les champs de bataille. Son fils, Christophe Lesnier, était, en 1633, seigneur de Taillefer et de Montguillon, maison située dans la paroisse de Marsas en Cubzaguès, anoblie, le 11 août 1560, en faveur de Jean de Mabrun, écuyer, seigneur de l'Escarderie, conseiller au Parlement de Bordeaux, par messire Jacques d'Albon, chevalier de l'Ordre, maréchal de France, marquis de Fronsac.

La maison de Taillefer devint ensuite la propriété de la famille de Paty, par suite d'un échange fait entre Christophe Lesnier et Jean de Paty, écuyer, seigneur et prieur de Saint-Macou-lès-Saintes. Dans un acte du 24 octobre 1655, Pierre de Paty, écuyer, avocat au Parlement de Bordeaux, sénéchal du duché de Fronsac, recevait la qualification de sieur de Mayne-Vieil et de Taillefer.

Le château de Taillefer était, depuis quatre ans à peine, entre les mains de la famille de Paty, lorsque les guerres

de la Fronde éclatèrent, et que les troupes du roi le forti-
fièrent, et y tinrent garnison sous les ordres du sieur
'. 'aint-André. La guerre finie, les fortifications furent
'. :aolies, comme nous l'avons vu plus haut, par les
habitants de Tizac, qui, sans aucun doute, avaient été
forcés de les élever.

Cette maison appartenait, il y a peu de temps,
à la famille du Reau; M. Morange en est maintenant
propriétaire.

LA TASTE.

Le château de La Taste, situé dans le bourg de Tizac,
au sud-ouest de l'église, est une vaste construction composée d'un rez-de-chaussée et d'un premier étage. Quatre
corps de logis enveloppent une cour à peu près carrée (¹),
dans laquelle on entre, du côté du sud, par une grande
porte encadrée de ces lourdes moulures usitées au commencement du dix-septième siècle, époque de la construction de tout le château. Une autre grande porte,
actuellement murée, s'ouvrait à l'est. Quatre petites
tours rondes, munies d'embrasures pour les armes à
feu, protégent les angles de la place. De magnifiques
arbres, ombrageant une vaste pièce d'eau alimentée par
des fontaines ornées de motifs d'architecture, sont le
plus bel ornement de ce domaine.

La maison noble de La Taste n'est pas une forteresse,
et son histoire est celle de ses propriétaires. Cette maison
appartenait, la première fois qu'il en est fait mention, à
un membre de la famille Landreau, famille originaire de
Tizac, ou du moins d'une des paroisses environnantes.

(¹) Un de ces corps de logis a été démoli.

Jean Landreau, notaire royal, est le premier seigneur connu de La Taste. Il possédait une partie du fief de Tizac, au devoir, envers le seigneur de Fronsac, d'une paire de gants blancs. Le 3 juin 1638, il rendit hommage de la maison noble de Tizac et d'une portion du village de Lavagnac, au cardinal de Richelieu, duc de Fronsac. Il avait épousé Jacquette Coulomb (¹), qui lui donna huit enfants. Arnaud, l'aîné, si on en juge par la haute position administrative qu'il occupait dans le Fronsadais, devait avoir une intelligence supérieure. Il reçut, le 13 décembre 1634, du cardinal de Richelieu, ses provisions de procureur d'office du duché de Fronsac, vacant par la mort de Jean Richon. A peine installé, il fut chargé de faire exécuter des travaux aux châteaux de Coutras et de Fronsac. Onze ans auparavant, ce dernier château avait été démoli. Les Libournais, qui avaient eu à souffrir de l'insolence et des méfaits du capitaine de cette forteresse, et qui voyaient, avec déplaisir, une place forte si redoutable à leurs portes, fournirent cinquante manœuvres par jour, pendant deux mois, pour aider à la démolition. En 1635, le sommet du tertre était encore encombré de pierres. Le 25 avril de cette année, M. Le Camus, procureur en la cour des Aides de Paris et administrateur de la seigneurie de Fronsac, écrivit à M. Landreau :

« J'espere que vous prendrez en main les interets qui » se presentent au sujet des reparations et curements du » fossé du chasteau de Coutras. Les sujets de Monseigneur » des parroisses les plus voisines dudit chasteau, ont esté » travailler aux corvées et aider à vuider les terres, et » continuent jusqu'à la fin; et d'autant que ceulx qui » sont des parroisses de Saint-Romain, La Lande et autres

(¹) A la fin du dix-septième siècle, les Coulomb étaient seigneurs des Marais, de Tricolles, de La Saye et autres places.

» esloignées (¹) perderoient plus de temps à cheminer qu'à
» travailler, j'ay pensé qu'il seroit plus à propos qu'ils
» vinsent donner quelques journées de leur temps à des-
» cendre les pierres du chasteau de Fronsac, et les mettre
» sur le bord de la riviere, que les faire aller audit lieu de
» Coutras; c'est pourquoi vous tiendrez la main à ce que
» cela soit exécuté. »

Arnaud Landreau se maria, le 14 mai 1636, avec Jeanne
du Reau, damoiselle, fille de Clément du Reau, sieur de
Bafanne. Son père, à cette occasion, lui céda l'office de
procureur ducal au duché de Fronsac. Jeanne étant
morte, Arnaud épousa, en secondes noces, Jeanne de
l'Espine, sa cousine, issue de germain. Pour contracter
ce mariage, il obtint les dispenses par une bulle de Notre
Saint Père le Pape datée du mois de juin 1659. Il lui
naissait une fille le 20 mai 1660.

Lors des guerres de la Fronde, Arnaud Landreau, qui
était toujours procureur d'office du duché de Fronsac,
fit tout ce qu'il put pour adoucir le sort des habitants
de Tizac (²). Ne pouvant obtenir de sauvegarde pour
tous (³), il en demanda et en obtint pour lui, sa famille
et ses domestiques, et pour les métairies qu'il possédait
dans plusieurs paroisses (⁴). Il est vrai que, tout en faisant du bien à ceux qui l'entouraient, il se préservait
aussi du pillage des gens de guerre, et arrondissait ainsi
sa fortune pendant que les autres étaient ruinés. C'était
à sa bourse que les malheureux habitants du voisinage
avaient recours pour payer les impôts de toute nature

(¹) 14 kilomètres de Fronsac et 22 de Coutras.
(²) Voir *supra*, pages 39 et 40, comment il en fut récompensé.
(³) Nous avons vu cependant, page 37, qu'au 30 octobre 1652 une
sauvegarde fut donnée en faveur de tout le duché.
(⁴) *Pièces justificatives*, nᵒ 7.

dont ils étaient accablés. On en a la preuve par la quantité considérable d'obligations qui lui furent souscrites à cette époque.

Cependant, malgré les diverses sauvegardes publiées en sa faveur, il ne se croyait pas en sûreté chez lui, puisqu'il en obtint, le 28 juin 1653, une nouvelle ainsi conçue :

« *Le comte de Maure* (¹), *general des armees de Sa Majesté et gouverneur de la ville de Libourne.*

» Il est permis au sieur Landreau, procureur d'offic ; de Son Altesse au duché de Fronsac, ayant fait sa rece' , de porter ses fruits et autres danrees dans la maison du sieur Cailleres ou ailleurs où il treuvera sa sureté sans qu'il luy puisse estre faict aulcun trouble ny empeschemant par les troupes de Sadicte Altesse (²). Dans laquelle maison dudit sieur de Cailleres (³) luy permettons de faire sa demeure pour la surette de sa personne.

» Faict à Libourne, le xxviii juin mil six cens cinquante trois.   » Le comte de Maure.

» Par Monseigneur — Menard. »

Le 7 et le 10 septembre il lui en fut donné deux autres par deux officiers différents (⁴). Cela paraît prouver que chaque commandant avait le pouvoir de donner des sauvegardes, mais non pas celui de les faire sévèrement exécuter; qu'entre le départ d'un capitaine et la sauvegarde obtenue de son successeur, le soldat avait un

(¹) Louis de Rochechouard, comte de Maure, grand sénéchal de Guienne.
(²) A la place des mots de *Sadicte Altesse*, il y avait cette phrase qui a été biffée : *sur lesquelles nostre pouvoir s'estant.*
(³) Le château de Clérac.
(⁴) *Pièces justificatives*, n° 8.

moment de licence absolue qu'il devait mettre à profit; que, surtout, il y avait, parmi les chefs, manque complet d'entente pour faire respecter les propriétés, et que même ¹ y avait, dans bien des cas, connivence entre eux et le soldat.

Nous avons signalé la conduite louable que tint Arnaud Landreau à l'égard des habitants du Fronsadais, lorsque le comte d'Estrades fit démolir, en 1654, les fortifications de Bourg et de Libourne; nous avons vu comment il chercha, avec M. des Augiers, qui était aussi du pays, les moyens de soulager les habitants. Leurs démarches et leurs soins furent infructueux, mais ils résistèrent, tant qu'ils purent, aux ordres durs du maire de Bordeaux; et nous devons penser qu'ils furent pleins de sollicitude pour les malheureux corvéables obligés de faire un travail pénible, sous la pluie et dans la boue, pendant la saison la plus malsaine de l'année.

Au commencement de 1655 Arnaud Landreau, secondé par les autres officiers du Fronsadais, fit aussi tous ses efforts pour éviter le logement des gens de guerre (¹). Il ne put réussir; mais il se lia avec le capitaine, et dut, de cette façon, adoucir le mal.

A cette époque, un événement tragique, et qui prouve combien la justice était mal faite (²), vint affliger la famille Landreau.

Depuis quelque temps, une haine mortelle existait entre les familles Landreau et La Chapelle, malgré les liens de parenté qui les unissaient. La jalousie paraît

(¹) Voir supra, page 51.
(²) La justice est partout impossible, dit Séguier dans sa correspondance; il ne s'en rend plus à Bordeaux, ni s'y en peut rendre à l'avenir.

avoir été la cause de cette haine. Les La Chapelle, d'ancienne noblesse, mais ruinés, ne pouvaient supporter d'être éclipsés par les Landreau, enrichis de la veille, et possédant des offices qui leur donnaient le pas sur eux. Les Landreau, de leur côté, ne manquaient aucune occasion d'être désagréables à leurs orgueilleux voisins, qui se croyaient tout permis, et ne reculaient pas devant un crime pour satisfaire leur vengeance et bien souvent leur caprice, ressemblant en cela à beaucoup de gentilshommes de cette époque, contre lesquels le Parlement de Bordeaux fut obligé de sévir vigoureusement (1).

Les La Chapelle, qui habitaient le village de Piconnat, dans la paroisse de La Poujade, avaient fait épouser leur querelle à Nicolas Lafon, curé de cette paroisse, et ancien précepteur de Sarran et François, fils de Jean de La Chapelle (2). Au mois de juillet 1655, Lafon avait refusé de baptiser une fille de Nicolas Landreau, et, peu après, il refusa aussi d'accepter, pour marraine, une fille d'Arnaud Landreau, âgée de huit ans. Il avait eu avec Nicolas Landreau une querelle assez vive pour nécessiter l'intervention d'André Rideau, curé de Notre-Dame de La Rivière, vicaire forain de la Congrégation du Fronsadais.

La haine des La Chapelle paraît s'être étendue sur tous les officiers de la juridiction de Fronsac qui habitaient dans leur voisinage.

Le 22 août 1655, Pierre du Viaud, procureur postulant et notaire du duché de Fronsac, se rendit chez Jean Olivier, avocat au Parlement, et lieutenant ordinaire du Fronsadais, pour se plaindre que, l'avant-veille, Sarran et François de La Chapelle étaient venus chez Marie du Viaud qui habitait, avec son fils Bertrand Cartier, le

(1) *Pièces justificatives*, n° 9.
(2) Sarran de La Chapelle, avocat au Parlement de Bordeaux; François de La Chapelle, licencié en droit.

village de Vincent, paroisse de La Pouyade, avaient rossé Cartier à coups de bâton; que Jean Rouzat, son métayer, ayant voulu le défendre, avait reçu dans les jambes un coup de fusil tiré par Sarran de La Chapelle; qu'enfin, le lendemain, qui était un dimanche, Sarran, à la sortie de la messe, en présence de tous les assistants, avait voulu battre, à coups de bâton, le même Cartier, qui avait jugé prudent de prendre la fuite.

Le lendemain de cette déposition, Jean Olivier se rendit à Vincent, constata les faits, et décréta prise de corps contre les La Chapelle. Comme on ne put les arrêter, il fut ordonné que leurs biens seraient saisis, et régis par des commissaires. Le procès dura un an, pendant lequel les coupables furent laissés en liberté. Enfin, le 25 juillet 1656, intervint un arrêt, les condamnant, envers Rouzat, pour médicaments, dommages et intérêts, à la somme de 300 livres, et à celle de 200 livres d'amende envers le seigneur de Fronsac, et, si l'on pouvait les appréhender, à la prison jusqu'à final paiement.

Ils ne furent pas pris, et, d'ailleurs, ils étaient alors poursuivis pour une affaire beaucoup plus grave.

Il est probable que les Landreau et leurs alliés possédant, presque tous, des offices dans le duché de Fronsac, s'étaient occupés de l'affaire Cartier, ce qui avait accru la colère des La Chapelle, exaspérés également de voir que Nicolas Landreau, en sa qualité de procureur d'office du duché de Fronsac au siége de Coutras, était servi le premier lors de la distribution du pain bénit (¹). Leur colère était donc à son comble, et la moindre étincelle devait la faire éclater.

Un vendredi de la fin d'octobre 1655, Nicolas Lan-

(¹) Il est probable que, lorsque les Landreau n'assistaient pas à la messe, les La Chapelle avaient tous les honneurs comme possédant un fief noble dans la paroisse de La Pouyade.

dreau (¹), marié depuis peu avec Guillemette Goulard, d'un village de la paroisse de La Pouyade, était sur la porte de la maison de son frère Arnaud lorsque Sarran de La Chapelle, passant à cheval, l'accabla d'injures, et le prévint que bientôt il aurait affaire à lui. Le dimanche suivant, Nicolas se rendit à La Pouyade pour entendre la messe, accompagné de son cousin Mathurin Coulomb, âgé, comme lui, de vingt-six ans, juge de Laubardemont, et de Pierre Turlay, âgé de vingt-deux ans, qui étaient venus lui rendre visite. Ils avaient eu la précaution de s'armer pensant qu'ils seraient attaqués; peut-être aussi avec l'intention de commencer eux-mêmes les hostilités.

Lorsqu'ils furent arrivés à La Pouyade, Turlay, qui était de la religion réformée, se rendit chez le curé. Nicolas Landreau, couvert d'un grand manteau, le chapeau sur les yeux, s'était placé, avec Coulomb, en attendant que la procession fût finie, près de la porte du cimetière, sur le pont qui traversait le fossé dont l'église était entourée. Survinrent alors Sarran et François de La Chapelle, suivis du sieur Lesparre, leur beau-frère, et de deux valets de M. de Malescot, tous armés d'épées, de fusils et de pistolets. Ils étaient suivis de damoiselle Catherine de Mignot, femme de Sarran (²); de sa belle-mère damoiselle Anne d'Espagnet, veuve de François de Mignot, et de deux servantes.

En passant près de Landreau, François de La Chapelle le poussa rudement avec le coude et l'accabla d'injures grossières. Landreau lui répliqua qu'il devait respecter le lieu où ils se trouvaient, et savoir, en outre, qu'il s'adressait à un officier de la juridiction. Si l'on en croit

(¹) Appelé aussi La Motte Landreau.
(²) Sarran de La Chapelle avait épousé Catherine de Mignot par contrat du 8 juillet 1653.

un témoin à charge, il aurait répondu aux injures par des injures, et menacé La Chapelle de lui couper les oreilles.

Sur ces entrefaites, Sarran et sa femme, Lesparre, les valets et les servantes s'étaient précipités sur Landreau et sur Coulomb, pendant que la belle-mère tenait les verroux de la porte de l'église pour empêcher les personnes qui y étaient d'en sortir. Coulomb tira un coup de pistolet adressé à François. La balle, manquant son but, alla se loger dans la cuisse d'un paysan. Turlay, entendant le bruit du combat, accourut; mais il fut blessé d'un coup d'épée qui lui traversa le bras près de l'épaule. Coulomb reçut également un coup d'épée dans le bras gauche, et, au moment où Landreau prenait la fuite, François de La Chapelle lui tira un coup de pistolet qui lui cassa le bras droit au-dessus du coude. Il mourut de cette blessure trente-six jours après. Les blessés, s'étant enfermés dans la cure, s'armèrent de fusils, et, se postant à une fenêtre, menaçaient de tirer sur ceux qui se présenteraient.

Le curé, ayant appris ce qui s'était passé, et voyant entrer dans l'église François de La Chapelle un pistolet d'une main et une épée de l'autre, déclara qu'il ne dirait pas la messe à La Pouyade, mais qu'il irait la célébrer à Maransin ou à Tizac. La Chapelle, ayant repris son sang-froid, sortit de l'église, abandonna ses armes et prit la fuite avec ses complices. Peu de temps après arrivèrent cinq ou six cavaliers armés, parmi lesquels se trouvaient Arnaud Landreau et Pierre de Paty, seigneur de Maynevieil et de Taillefer, sénéchal de Fronsac. Ils se rendirent chez le curé où étaient les blessés.

Pendant le combat, les femmes n'étaient pas restées inactives : Catherine Mignot avait une égratignure au visage, et Guillemette Goulard, âgée de dix-huit ans et enceinte de trois mois, une blessure à la tête et des contusions sur tout le corps.

Quant aux deux valets de M. de Malescot, qui avaient pris une part active au combat, ils ne purent être convaincus de complicité, malgré les apparences et peut-être la réalité; ils déclarèrent n'être venus à La Pouyade que pour faire une commission que leur maîtresse leur avait donnée; ils servirent d'ailleurs de témoins à décharge pour les La Chapelle, et leur relation est souvent en contradiction avec celle des nombreux témoins qui furent interrogés.

L'archevêque de Bordeaux, informé de cette affaire par le curé de La Rivière, vicaire forain, fit faire une enquête pour procéder à l'excommunication des coupables.

Le juge de Fronsac dressa prise de corps contre les frères La Chapelle; mais, protégés par des amis puissants, ils ne purent être appréhendés.

On instruisit la procédure dans toutes les formes de droit, et, malgré leur défense, les témoins subornés qu'ils présentèrent et les menaces qu'ils proféraient contre les juges, ils furent condamnés, par arrêt du 11 (¹) décembre 1655, à être « traisnés sur une claye aux » environs de l'esglize et simetiere de la paroisse de » La Pouiade, et, ce faict, conduitz devant le simetiere » pour y estre pandus et estranglez à une potance quy, » pour cest effaict, y sera dressée par l'executeur de la » haute justice, sy apprehandés peuvent estre; sy non » figurativement; » et, en outre, à 800 livres envers la veuve Landreau et à 200 livres envers Coulomb et Turlay.

(¹) *Alias* 14 ou 19.

Nous ne savons s'ils furent pendus en effigie, mais ils ne purent être appréhendés. Enfin, le Parlement reconnut que François de La Chapelle était seul coupable de la mort de Nicolas Landreau, et le condamna à mort ; Sarran, qui s'était constitué prisonnier, fut relaxé, mais condamné à payer 30 livres pour faire prier Dieu pour l'âme de Landreau et 50 livres pour le pain des prisonniers.

Ces diverses sommes n'étaient pas encore payées, lorsqu'un nouvel incident vint compliquer l'affaire. Sarran tenait à se venger de Mathurin Coulomb, qui n'avait été que blessé dans le combat de La Pouyade, et qui avait poursuivi, comme magistrat et partie, le procès avec vigueur.

Le 22 mars 1658, à huit heures du soir, deux hommes vinrent prévenir Christophe de Lauvergnac, écuyer, avocat au Parlement et juge de la juridiction et baronnie d'Ambarès, qu'un homme mort avait été trouvé, près du château de Chelivette, sur le bord du chemin qui conduit de Cavernes à Lormont. Comme il était nuit noire, Christophe chargea son fils, Pierre de Lauvergnac, de faire la levée du corps et de le faire déposer dans la maison la plus proche du lieu où il gisait. Le lendemain matin, il trouva près du mort Jacques Nozay, greffier en chef de la sénéchaussée de Libourne, qui se présentait pour réclamer justice au nom de Jeanne Arnaudeau, veuve de Simon Coulomb, vivant, juge de Laubardemont, et mère de la victime.

L'enquête, dont une partie fut faite par Guillaume de Limouzin, sieur de Cantelaude, lieutenant général criminel en la sénéchaussée et siége présidial de Libourne, constata que Sarran de La Chapelle, ayant appris que Mathurin Coulomb devait, ce jour-là, revenir de Bordeaux où il avait conduit des témoins pour déposer dans une affaire criminelle contre M° César Treichenet, curé de la paroisse de Laubardemont, avait été à sa rencontre; qu'après avoir débarqué de la cavernière (¹), il s'était acheminé à cheval avec d'autres voyageurs se rendant à Bordeaux; qu'après avoir traversé avec eux la lande de Saint-Loubès, il avait rencontré Coulomb se pressant, en compagnie d'autres personnes, pour rejoindre le bateau; que l'abordant, et sans lui donner le temps de se mettre sur la défensive, il lui avait lâché un coup de pistolet dans la tête, s'était ensuite enfui au galop à travers champs, et avait été perdu de vue avant d'être poursuivi.

Prise de corps fut dressée contre lui; mais, comme pour l'affaire de La Pouyade, on ne put se saisir de sa personne. Il avait des amis chez lesquels il se réfugiait : c'était tantôt chez le baron de La Brède (²), tantôt chez le sieur de Cavarroque (³), d'où il ne cessait de proférer des menaces contre la justice. Il intimidait tellement les juges et ceux qui étaient chargés de le faire prisonnier que, sur une requête de Jeanne Arnaudeau, le prince de Conti défendit de lui donner retraite, ordonna de prêter main-forte aux officiers de la justice, et mit Jeanne Arnaudeau sous la sauvegarde du roi.

Sarran de La Chapelle fut condamné au supplice de la roue, à 6,000 livres d'amende envers les enfants de Coulomb, à 4,000 livres envers le roi et aux dépens. Nous ne savons si les amendes furent payées; et, si le supplice

---

(¹) Grand bateau de passage qui faisait le trajet entre Cavernes, village de Saint-Loubès, et Libourne.

(²) Probablement Pierre de Pénel, dont la fille, Marie-Françoise, épousa en 1686 Jacques de Secondat de Montesquieu.

(³) André Bontemps de Mensigniac de Cavarroque, sieur de Reignac, à Saint-Loubès, où très probablement Sarran se sauva après le meurtre.

eut lieu, Sarran ne fut exécuté qu'en effigie. Il avait des amis puissants, et malgré les poursuites actives des familles Landreau et Coulomb, il parvint toujours à se dérober à celles de la justice. A la longue, on fut obligé d'avoir l'air d'oublier ce qui s'était passé. Sarran mourut à Montpellier, en 1690, en revenant de la campagne de la Savoie; il était capitaine dans le régiment dépendant de la milice de Guienne. Il laissait, entre autres, un fils nommé François, qui déclara répudier l'hérédité de son père.

Si nous avons raconté dans tous ses détails cette guerre intestine entre deux familles voisines et parentes, c'est pour donner une idée de l'état de trouble et de désarroi où se trouvait la Guienne dans la seconde moitié du dix-septième siècle. Ce fait n'est pas isolé; il nous serait facile d'en trouver un semblable dans presque toutes les paroisses du Bordelais.

Nous en citons d'ailleurs, plus loin, un autre de même nature. Mais revenons aux seigneurs de la maison noble de La Taste.

Déjà, et dès le 24 décembre 1655, Arnaud Landreau, lors de la mort de son frère Nicolas, était qualifié seigneur de la maison noble de La Taste; il prenait la même qualité dans une reconnaissance qu'il passa, le 2 avril 1663, en faveur du seigneur de Fronsac, pour raison d'une portion du village de La Cournade, situé sur le ruisseau de Graviange. Bien d'autres actes constatent ce fait. Cependant, lors de la recherche de ceux qui devaient des droits de franc-fief en 1674, Martial de Richon, procureur en la sénéchaussée et siége présidial de Libourne, son fondé de procuration, déclara que Landreau tenait et possédait « le maine et tennement de » La Taste », situé dans la paroisse de Tizac en Fronsa-

dais, et que, « par contrat du sixiesme juin mil six cens
» soixante-six, retenu par Faure, notaire royal, il l'avait
» eu du sieur de Verac en echange d'une rente annuelle
» de six sols et un chapon. » Il est probable que Landreau, déjà seigneur de La Taste depuis quelque temps,
se libéra, par cet échange, de l'hommage qu'il devait
pour ce domaine au sieur de Vérac. « Le tenement de
» La Taxte, dit Martial de Richon, conciste en la maison
» où demeure ledit sieur Landreau, avec un pred, du
» costé du couchant, à recueillir annuellement dix
» charrettes de foingt, et une piece de terre, en labeur, à
» semer du seigle de deux ans en deux ans; le tout de
» la contenance d'environ vingt journaulx; lequel tene-
» ment estoit cy devant chargé d'une renthe de quinze
» sols envers ledit sieur de Veyrac; comme aussy declare
» que ledit sieur Landreau est seigneur foncier et direct
» du village appelé de Grois, autrement de l'Etoile, dans
» la paroisse de Tizac, sur lequel tenement il luy est deu
» annuellement vingt six solz de renthe, suivant l'exporle
» du douziesme novambre mil six cens septente, reçue
» par Rouzet, notaire. »

Le 20 avril suivant, une enquête fut faite par les
commissaires chargés du recouvrement des droits de
franc-fief pour savoir ce que rapportaient les biens nobles
déclarés par Arnaud Landreau; il fut reconnu que la
maison de La Laste, le pré et la terre devaient rapporter,
pour la part du maître, 83 livres par an, sans compter
les 26 sols de rente sur le village de l'Étoile. Il fut taxé à
payer, sur le pied de trois années, la somme de 165 livres
et 2 sols pour livre.

La vie d'Arnaud Landreau paraît avoir été pleine
d'incidents de toute nature. S'il avait des amis puissants, il avait aussi des ennemis actifs : l'un d'eux, un
nommé Pierre Léger, fit tout ce qu'il put pour le desser-

vir auprès du prince de Condé, duc de Fronsac. Landreau avait été nommé, dès le 13 décembre 1634, par le cardinal de Richelieu, alors seigneur de Fronsac, procureur d'office ou fiscal (¹) de cette juridiction tant au sénéchal qu'à l'ordinaire. Le prince de Condé, pressé par les sollicitations de Pierre Léger, désunit le sénéchal de l'ordinaire, et, en 1668, il accorda au solliciteur des lettres de provision pour prendre ou faire prendre la place du titulaire actuel, soit à l'un, soit à l'autre des deux emplois désunis. Le 8 juillet, Landreau déclara au prince, par acte notarié, qu'il faisait opposition à cette usurpation; mais que cependant il était prêt à obéir à la condition que Léger ferait l'estimation des deux charges sur le pied de 3,000 livres que, lui, Landreau, avait payées lors de sa réception, et lui rembourserait le prix de celle qu'il prendrait.

Le lendemain, cet acte fut notifié à Pierre de Paty, écuyer, sénéchal de Fronsac; Jean de Richon, juge ordinaire dudit duché; Henry du Reau, lieutenant de ladite sénéchaussée, tous avocats au Parlement de Bordeaux, et, le 10, à Pierre Léger; à Izaac l'Estourneau, procureur du roi de la maréchaussée de Libourne, et à l'Estourneau père, à ceux-ci parce qu'ils sollicitaient, pour Henry l'Estourneau fils, sieur des Bonnets, la charge qu'allait quitter Landreau, et à laquelle l'Estourneau fut nommé, le 13 mai 1669, après avoir fait preuve qu'il était de la religion catholique, apostolique et romaine.

Landreau, en effet, avait reçu l'ordre d'opter entre les deux offices, et, le 2 août 1668, il avait répondu qu'il gardait celui de procureur fiscal au sénéchal; mais qu'il ne se démettrait de celui qu'il laissait que lorsqu'il en serait remboursé; il ajoutait qu'il trouvait étonnant

(¹) Il est qualifié indifféremment procureur d'office et procureur fiscal.

qu'on ne pensât qu'après trente-quatre ans qu'il y avait incompatibilité entre les deux charges.

Il ne se rendait peut-être pas compte qu'il avait alors près de soixante ans (¹), et que c'était peut-être aussi le motif qui avait fait agir le prince de Condé. Quoi qu'il en soit et malgré son âge, Arnaud Landreau ne manquait pas d'énergie. En voici une preuve :

En 1670, Simon et Arnaud de l'Espine frères, ce dernier receveur des consignations du duché de Fronsac, avaient obstrué un passage qui appartenait à Landreau, et occupé, par des bois et un pailler, ses eyzines (²), près du cimetière de Tizac; puis, comme il avait fait constater cette violation de sa propriété, les l'Espine l'avaient rossé à coups de bâton. Il faut dire qu'auparavant Landreau avait donné des coups de canne à Arnaud de l'Espine, l'avait mordu au pouce, accablé d'injures, et menacé de le tuer à coups de pistolet.

Les choses n'en restèrent pas là : le jour de Pâques, 29 mars 1671, l'Espine se rendait de La Pouyade à Maransin, lorsqu'il rencontra Landreau à cheval, armé d'une épée, d'un bâton, d'un poignard et d'un pistolet. Landreau courut sur lui à toute bride, lui asséna un coup de bâton qui le jeta par terre, et fit ensuite tous ses efforts pour lui faire passer son cheval sur le corps; l'Espine ayant voulu le retenir par la bride, Landreau lui donna un coup de poignard qui ne fit que percer son chapeau; l'Espine s'étant relevé, prit la fuite à travers les vignes, et sans l'arrivée de quelques personnes, Landreau lui aurait lâché un coup de pistolet.

(¹) Il devait avoir vingt-cinq ans environ lorsqu'il fut nommé procureur d'office de Fronsac, en 1634; en 1668 il devait donc avoir cinquante-neuf ans.

(²) Vacans aux environs d'une maison.

Ils portèrent plainte tous deux, et tous deux furent condamnés par arrêt du 4 avril 1672 : l'Espine à payer à Landreau la somme de 100 livres, et celui-ci à en donner 50 à son adversaire (¹).

Deux ans après, Arnaud Landreau fit son testament par lequel il demanda à être enterré dans la chapelle qu'il avait fondée, attenante à l'église de Tizac. Il laissa au curé de cette paroisse et à ses successeurs deux journaux environ de vigne, situés au lieu appelé *Au-dessous de Lavagnac,* à la condition qu'ils diraient pour lui une messe, à perpétuité, tous les lundis, et une grand'messe au bout de l'an de son décès. Il donna 500 écus à Jean Landreau, son fils naturel, et 200 écus à Marie, sa fille naturelle, payables cinq ans après sa mort. Ceux-ci devaient être pendant ce temps nourris et entretenus dans sa maison; ils devaient servir Jeanne de l'Espine, sa femme, et sa fille Jeanne Landreau, sans aucun salaire, et s'ils les quittaient sans autorisation, le legs ne leur serait pas livré. Il nomma sa femme tutrice de sa fille, et lui donna l'usufruit de ses biens jusqu'à ce que celle-ci ait atteint l'âge de vingt-cinq ans; après quoi, il serait fait un inventaire de tout ce qu'il possédait, et sa femme devait conserver la jouissance de certaines parties de la maison et de la propriété. Il nomma sa fille héritière universelle, et, dans le cas où elle décéderait sans enfants, il légua 5,000 livres à Jeanne Souchet, seconde fille de Simon Souchet, procureur d'office de Cubzaguès, et de sa sœur Jeanne Landreau.

Il mourut le 23 novembre 1696, et il fut enseveli,

(¹) A cette époque, on se faisait assez facilement justice soi-même, et, dans ces démêlés, le bâton jouait le principal rôle. Me Raymond Baudry, procureur d'office de la juridiction de Savignac, et son fils, Mathurin Baudry, furent rossés à coups de bâton le 27 septembre 1670.

comme il l'avait demandé, dans la chapelle qu'il avait fait construire contre l'église de Tizac.

Pendant sa longue carrière publique écoulée dans un des moments les plus critiques du dix-septième siècle, beaucoup d'affaires de toute nature passèrent entre ses mains. Nous avons vu quelle conduite il tint pendant les guerres de la Fronde; il sut lier l'accomplissement de ses devoirs que lui imposaient ses fonctions à un ardent désir de soulager les habitants du Fronsadais, si éprouvés pendant cette cruelle époque.

S'il avait des ennemis (et l'on n'occupe pas pendant si longtemps, quarante-quatre ans, un office public, surtout dans des temps comme ceux qu'on venait de traverser, sans en avoir), il avait aussi des amis. Parmi ces derniers, nous devons compter Pierre Durand, conseiller ordinaire du conseil du prince de Condé, duc de Fronsac (¹), qui habitait presque toujours à Paris, chez le prince, et qui entretenait avec Landreau une correspondance suivie et intime. Ces lettres, extrêmement nombreuses et à dates très rapprochées, souvent deux par semaine, sont intéressantes surtout en ce qu'elles se terminent toujours par un récit succinct des événements politiques les plus récents : M. Landreau était donc instruit de

(¹) « Pierre Durand, conseiller ordinaire du conseil de S. A. S.
» monseigneur tres haut et tres puissant Louis de Bourbon, prince
» de Condé, premier prince du sang, premier pair et grand maistre
» de France, duc d'Anguin, Chasteauroux, Montmorancy et Fronsac,
» gouverneur et lieutenant general pour le roy en ses provinces de
» Bourgoigne et Bresse; et commissaire deputé par sadite A. S. pour
» la reception des hommages, adveus et denombrements, faction
» d'exportes et reconnoissances, papier terrier, recherche de tous
» droicts et devoirs seigneuriaux, et verification du duché, mar-
» quizat, comté, vicomté, seneschaussée de Fronsac et Contras y
» jointe, unie et incorporée sa baronnie de Chamadel, leurs circons-
» tances et dependances. »

première main de ce qui se passait à Paris, à la cour et à l'armée. Dans beaucoup de ces lettres, Pierre s'entretient avec son ami de ses affaires particulières.

Connaissant parfaitement le prince de Condé, avec lequel il était continuellement en rapport, il a soin de donner à Landreau des conseils sur la conduite qu'il doit tenir dans des affaires importantes. Une fois entre autres, à propos d'une défense faite par le chevalier de Thodias, sur l'ordre qu'en avait donné le prince de Condé, de garder des chiens de chasse dans le duché de Fronsac, il lui écrivait : « Je crois vous avoir mandé, le 2 juin 1667,
» qu'ayant averti Son Altesse Serenissime de tous les
» desordres qu'on faisoit dans la garenne et au chasteau,
» et de la liberté qu'un chascun prenoit de chasser,
» S. A. S. commanda à M. Caillet d'escrire à M. le chevalier
» de Thodias de l'empescher. »

Il lui écrivait encore le 9 juin : « Le peu de respect
» qu'ont eu tous les habitants du duché de Fronsac et
» Coutras, pour les deffences de la chasse, m'ont obligé
» (S. A. S. s'informant de toute chose) de luy dire
» jusqu'où l'insolence se portoit de tendre tous les jours
» des collets dans son parc; cela l'obligea, à mesme
» temps, de donner ordre à M. de Chaulet d'escrire à
» M. le chevalier de Thodias... Cela despant assurement
» de lui de faire executer cet ordre generalement partout,
» et de l'empescher par quy que ce soit; et comme c'est
» une execution qui porte coup; je vous le dis, comme
» vostre meilleur amy : en qualité d'officier, vous devez
» estre celui quy devez donner l'exemple; et si vous me
» croyez, vous envoyerez vos chiens chez quelqu'un de
» vos amys; car, assurement, quand S. A. S. auroit des-
» sain de vous donner la liberté de chasser, elle ne vous
» appuyeroit pas, si vous aviez fait quelque resistance à

» ses ordres... Mais, encore une fois, faites presentement
» ce que je vous dis... »

Il est probable que, pour le moment, M. Landreau
obéit, et qu'il ne tarda pas à obtenir la permission non
seulement de garder ses chiens, mais encore de chasser en
liberté dans ses terres et dans tout le duché de Fronsac.

Le 29 septembre 1675, un an environ avant sa mort,
Arnaud Landreau avait marié sa fille unique, Jeanne-
Marie Landreau, avec François de Barrière, avocat en la
Cour de Parlement de Bordeaux. Par suite de ce mariage,
de Barrière devint seigneur de la maison noble de La
Taste.

Quatre ans après, un inventaire des biens qu'avait
laissés Arnaud fut fait en présence de son gendre; de
Simon Landreau, docteur en théologie, archiprêtre
d'Entre-Dordogne, oncle de Jeanne; de Jacques de Coulomb, écuyer, sieur des Marais, de Tricolles, La Saye et
autres places, et de Jeanne de l'Espine, veuve d'Arnaud
Landreau. Cet inventaire prouve qu'il avait possédé et
laissé à son héritière :

La métairie de Boulin, paroisse de La Ruscade en
Cubzaguès;

La métairie de La Cournade, paroisse de La Pouyade
en Fronsadais;

La métairie de Mathurin Fourtin, au village de Lavaignac;

Autre métairie à Lavaignac;

Un bourdieu à Lavaignac;

Deux bourdieux au village de Lannes;

Une métairie au bourg de Tizac;

Le bourdieu de La Pourcaud;

Un bourdieu au lieu de Vignaut;

Enfin, le château de La Taste.

François de Barrière, âgé de vingt-trois ans lors de son mariage (¹), était fils de Jean Barrière, bourgeois de Bordeaux, et de Izabeau Ledoux, paroissiens de Sainte-Colombe; il était fort jeune quand son père mourut; il eut pour curateur Étienne Brunet, avocat au Parlement de Bordeaux, qui géra avec la plus grande fidélité la fortune assez considérable de son pupille.

Étienne Brunet fit donner à François de Barrière une éducation en rapport avec sa fortune. A dix-neuf ans étant encore étudiant en philosophie, très probablement dans le collége des Jésuites où était aussi élevé son frère Jean, il reçut des lettres de bénéfice d'âge. Le 24 novembre 1673, il était licencié ès lois. Lorsqu'il se présenta pour obtenir le titre d'avocat, on fit, par devant Pierre Forton, conseiller secrétaire de la Cour, une inquisition de ses vie, mœurs et religion catholique. Il produisit pour attestants MM. Jean de Litterie, François de Mensigniac (²), avocats; Jacques Réveillaud et Pierre Montalier, procureurs au Parlement. Il fut reçu avocat le 21 décembre suivant. Quelque temps après, il était receveur des consignations en la Cour des Aides de Guienne.

En 1678, le Parlement siégeait à Condom. Le chapitre du couvent des Carmes s'apercevant que les fréquentes absences qu'était obligé d'entreprendre le syndic pour les affaires du couvent portaient préjudice aux autres intérêts matériels et aux exercices de la religion, résolut de donner la charge de syndic et père spirituel du couvent à un laïque recommandable par sa vertu, son

---

(¹) Il était né le 24 décembre 1652. (Extrait des registres de l'état civil de Saint-André de Bordeaux.)

(²) François Bontemps de Mensigniac, seigneur de Cavarroque et de Reignac.

affection pour la maison et sa capacité pour les affaires temporelles ; il jeta les yeux sur François de Barrière, qui fut choisi à l'unanimité pour exercer cet office.

La capacité et l'honorabilité de M. de Barrière étaient également appréciées par le duc de Richelieu, seigneur de Fronsac, qui, par lettres-patentes du 8 août 1679, le nomma juge du duché de Fronsac, emploi qui était vacant par la démission de Martial du Mas. Il était aussi greffier des rôles des tailles et autres impositions ordinaires et extraordinaires de la paroisse de Tizac. Par édit du 3 août 1690, cet office avait été créé héréditaire en sa faveur : il l'exemptait de la collecte des tailles, des impôts du sel, du logement des gens de guerre, et lui procurait une partie des autres priviléges de la noblesse.

Ces priviléges, joints aux offices lucratifs qu'il possédait, donnaient à M. de Barrière une fortune qui lui permettait de suivre les errements de son beau-père et d'acheter, de tous côtés, des terres et des rentes, et d'augmenter ainsi ses propriétés déjà considérables.

En 1698, François de Barrière avait trois fils au service dans le régiment de Champagne ; un quatrième faisait encore ses études, et une fille, nommée Marie-Thérèse, était pensionnaire au couvent de Sainte-Ursule à Libourne, où elle se fit religieuse. Il mariait, le 26 juillet de la même année, une autre de ses filles nommée Jeanne, avec M. Me Jean Mirambeau, conseiller du roi et son procureur en la sénéchaussée et siége présidial de Libourne, fils de feus Me Jean Mirambeau, notaire royal, et de demoiselle Guillemette Varcille.

Arnaud de Barrière, fils aîné de François, acheta, le 22 septembre 1710, pour 3,000 livres la compagnie de Lignière au régiment de Champagne. Après la mort de son père, il vint prendre possession des terres qui lu.   ....aient, entre autres de la maison noble de La Taste. Il était chevalier de Saint-Louis. En 1735, il recevait du roi une pension de 400 livres. En 1749, il fut nommé marguillier du couvent des religieux de Notre-Dame de la Mercy et Rédemption des Captifs, office qui l'obligeait à faire la quête, tous les dimanches et fêtes de l'année, dans l'église et paroisse de Saint-Pierre de Tizac, et, de porte en porte, au temps des vendanges et des moissons ; il était, en outre, tenu d'héberger le religieux chargé de venir faire la levée des quêtes (¹).

Arnaud de Barrière se maria, le 10 juin 1745, avec Marie Crozillac de Laguloup, fit son testament le 30 août 1761, et mourut peu de temps après. Marie, deve-

---

(¹) Les religieux de Notre-Dame de La Mercy faisaient le vœu de racheter les captifs et esclaves chrétiens, d'aller, en personne, les chercher chez les Turcs et infidèles, et de se donner en otage pour ceux dont la foi était chancelante. Les papes accordaient des indulgences, et les rois de grands privilèges, à ceux qui contribuaient à un si charitable dessein. Louis XIII, par arrêt du Conseil du 6 août 1638, donné contradictoirement avec les religieux croisés de la Sainte-Trinité de la Rédemption des Captifs, leur permit de faire des quêtes dans toute la France, en assignant à chacun des deux ordres des provinces différentes pour éviter des contestations entre eux. Les Pères de La Mercy eurent la Bretagne, le Languedoc, la Guienne, l'Angoumois, le pays d'Aunis, la Saintonge, le Querey, le Béarn et la Provence. Louis XIV, par arrêt du mois de juin 1650, confirma ce qu'avait fait son père, et donna des privilèges exception-nels à ceux qui étaient préposés, dans chaque paroisse, à la récolte des aumônes faites pour la délivrance des esclaves chrétiens : « Ceux,
» dit l'arrêt, qui auront la charge de faire faire la publication desdites
» charitez seront et demeureront exemptés de tutelles, curatelles,
» charges de collecteurs et asseeurs de tailles dans les paroisses, ny
» ne pourront estre establis commissaires ou gardiens en execution
» de meubles ou saisies réelles, de gardes des portes, guets, ou
» autres corvées, dans les villes où ils seront demeurans, de loge-
» ment de gens de guerre, d'estre eslus eschevins ny consuls, et
» autres charges publiques. »
Louis XV confirma ces privilèges par arrêt du mois de mai 1716.

nue veuve, prit l'administration de ses biens. En 1763, elle demanda, pour se conformer à l'ordonnance des eaux et forêts de 1669, et celle des articles V et VII de l'arrêt du conseil du 21 septembre 1700, l'autorisation de faire couper cent arbres dans sa propriété pour réparer ses bâtiments et faire des instruments aratoires. Par contrat du 4 janvier 1767, elle maria sa fille Marie de Barrière à M° Jean-Baptiste-François-Joseph de Labat de Montclairon, conseiller au Parlement de Bordeaux, fils de M° Jean-Baptiste-François-Ignace de Labat, baron de Savignac, conseiller en la grand'chambre du Parlement de Bordeaux, et de dame Marguerite-Angélique de Fénélon.

Mme de Barrière, pour se conformer au testament de son mari, remit à sa fille la jouissance de tous les biens qu'il avait laissés; elle se réserva quelques droits, entre autres sa dot qui était de 7,000 livres. Elle se maria, en secondes noces, avec M. François-Célestin de Coutures.

Son fils, Pierre-François-Marguerite de Labat de Montclairen, a épousé demoiselle Azema de Puch, dont il a eu deux filles : l'une, mariée à M. le marquis Odillon de Lard de Rigoulières, qui habite la maison de La Taste, et l'autre à M. le baron Oscar de Savignac, son cousin, qui habite aussi la paroisse de Tizac, dans un charmant chalet qu'il a fait construire au lieu de la Garenne.

Si je me suis étendu sur tant de détails, qui peuvent paraître inutiles à ceux qui ont l'habitude de lire l'histoire générale d'un peuple, c'est que je crois qu'une bonne histoire d'ensemble d'un grand pays ou d'une de ses provinces ne peut être faite que lorsqu'on possède celle de toutes les localités qui la composent.

J'ai, d'ailleurs, suivi en cela le conseil des hommes éminents qui dirigent la *Revue des Sociétés savantes des départements,* publiée sous les auspices du ministère de l'Instruction publique, des Cultes et des Beaux-arts. Dans presque tous leurs rapports, ils engagent les Sociétés départementales à encourager les études d'histoire et d'archéologie locales. L'Académie de Bordeaux elle-même a déjà récompensé des travaux de cette nature.

Je ne me suis donc pas écarté de son programme en écrivant l'histoire de Tizac-de-Galgon.

PIÈCES JUSTIFICATIVES

N° 1.

1er février 1622.

Departement de la somme de 710 livres ordonnée pour le payement et entretien de 100 hommes, capitaines et officiers, de laditte compaignie qui sont sur la riviere de l'Isle pour empescher son passage par les ennemis du Roy, sous la conduite du sieur de Pontus, escuyer, faict, sur tous les habitans du duché de Fronsac parroisse par parroisse, en proportion du taillon qu'ils ont payé l'année passée 1621, suivant l'ordonnance des depputés du Parlement de Bourdeaux sceant à Libourne, par les soubssignés assistés des plus apparents de chaque parroisse.

	Taillon de 1621.			Paye des Soldats.		
Fronsac.....................	468 liv.	2 s.	8 d.	88 liv.	» s.	» d.
Saint-Michel-la-Riviere......	50	»	»	9	12	»
La Riviere..................	45	»	»	8	11	6
Saint-Germain-la-Riviere	60	»	»	11	10	»
Lugon......................	128	»	»	24	10	8
Cadillac...................	124	»	»	23	7	4
Saint-Romain..............	260	»	»	49	8	8
La Lande de Cubzac........	156	»	»	29	18	»
Tarnes	40	»	»	7	13	4
Salignac..................	260	»	»	49	16	8
Mouillac..................	40	»	»	7	13	4
Veyrac	165	»	»	31	12	6
Villegouge	304	»	»	59	»	»
Queynac..................	65	»	»	12	9	»
Galgon	150	»	»	28	15	»
Peyrissac.................	175	»	»	33	10	10

	Taillon de 1621.			Paye des Soldats.		
Saint-Genis...............	70 liv.	» s.	» d.	13 liv.	8 s.	4 d.
Marsenes	93	»	»	18	4	2
Tizac...................	90	»	»	17	5	»
La Pouyade.............	100	»	»	19	3	4
Marensin	215	»	»	41	4	2
Saint-Ciers-d'Abzac........	105	»	»	20	2	6
Saint-Martin-du-Bois	105	»	»	20	2	6
Saint-Martin-de-Lays	110	»	»	20	1	8
Bonzac	110	»	»	20	1	8
Savignac...............	66	»	»	12	»	»
Saillans...............	84	»	»	16	2	»
L'Ile du Carney...........	35	»	»	6	11	2
Saint-Aignon.............	84	2	8	16	2	»

Dureau, lieutenant au seneschal.

Olivier, lieutenant ordinaire au duché de Fronsac.

Richon, procureur d'office.

De Peychiers. (Sans tirer à consequence ———— de ne prejudicier, ne rien ignover au droict de monseigneur de La Riviere.)

J. Clemenceau. (Sans prejudicier non plus le baron de Cadilhac et sans tirer à consequence.)

De Bomard. (Sans tirer à consequence pour l'advenir.)

Millou. (Sans desroger aux droicts de M. le commandeur d'Asques et sans tirer à aucune consequence.)

Cazenove. (Sans aucunement prejudicier aux droicts de M. de Grimard.)

J. Leynier. (Sans tirer à consequence et sans prejudicier aux droicts du sieur baron de Cadilhac.)

Naubarède. (Sans tirer à consequence et sans prejudicier aux droicts de M. le baron de Cadilhac.)

Landreau. (Sans tirer à consequence.)

De Gaultier, — de Paty, escuyer; — Constantin, — Montassé, — Fortin.

N° 2.

A comparu le procureur d'office du duché de Fronsac, lequel a dict qu'estant necessaire, pour le service du Roy, de travailler aux fortifications pour la seureté de la ville de Libourne, Son A. Monseigneur auroit ordonné aux parois- ses dependantes du present duché de fournir le nombre des maneuvres quy seroit taxée par M. le chevalier de Thodias, ou, en son absence, par celui qui commandera son regiment qui est en garnison dans ladicte ville de Libourne. Laquelle ordonnance a esté (envoyée) audict procureur d'office par le sieur de Cozages, commandant. C'est pourquoy ledict procureur requiert, obeissant à l'ordonnance de Monseigneur, qu'il soit enjoint aux paroisses dependantes du duché de Fronsac de fournir et envoyer, mercredi au soir, dans la ville de Libourne, le nombre des maneuvres suivant, scavoir :

La paroisse de Fronsac	....	18
—	Saillans	11
—	Saint-Aignan...................	9
—	Saint-Michel...................	10
—	La Riviere.....................	10
—	Saint-Germain..................	10
—	Lugon	12
—	Cadillac.......................	12
—	Saint-Romain	18
—	Tarnes.........................	6
—	Saint-Genis....................	9

(Ici le manuscrit est déchiré.)

—	Saint-Martin-du-Bois.............	12
—	Perissac.......................	12
—	Savignac	8
—	Marancin.......................	11
—	Bonzac........................	11
—	Saint-Martin-de-Laye.............	10
—	Saint-Ciers	10
—	La Pouyade.....................	10
—	Tizac	4
—	Queynac	4

qu'il soit enjoint aux cotizatairs desdictes paroisses de les conduire dans ladicte ville, et leur fournir et administrer des vivres pendant huit jours.

Nous, apres avoir vu l'ordonnance de sadicte Altesse du dernier d'octobre dernier, enjoignons aux cotisateurs de chasque paroisse deppendant de la presente duché et senechaussée d'envoier, mercredi au soir, le nombre de maneuvre sus especifliés, dans la ville de Libourne, avec brouhettes, sivieres, pics, palles et autres ferremens, pour travailler auxdictes fortifications ordonnées estre faictes dans ladicte ville par Son Altesse, pendant huit jours, pendant lesquels lesdictz cotizateurs leur fourniront des subsistances et vivres, lesquels leur seront deduictz sur la taille, conformement à laditte ordonnance.

Nº 3.

Le comte d'Estrades, etc., mayre de Bourdeaux, etc., lieutenant general, commandant en chef les armées du Roy, et province de Guyenne.

Le Roy nous ayant ordonné de faire razer et desmolir toutes les fortificquations faictes par les Espaignols ès environs de la ville de Bourg-sur-Dordoigne, nous avons commis, et commettons le sieur des Augiers, mareschal de bataille es armées de Sa Majesté, pour faire, incessamment et en toute diligence, razer et desmolir toutes ces fortificquations, bastions, redoutes et generalement tout ce qui a esté faict, basty et construict par lesdits Espaignols; à la reserve de la citadelle. Pour laquelle desmolition, nous ordonnons et commendons, tant au mayre, jurats et habitants de toutes les paroisses de la juridiction dudit Bourg; comme aussy aux manants et habitants des juridictions de Cubzaguès et Fronsadois, de fournir, tour à tour, les maneuvres et travailleurs qui leurs seront ordonnés, à peine d'y estre constraincts par effectifs logements de gents de guerre, comme pour les propres affaires du Roy. Ordonnons, en oultre, auxdicts mayre, jurats, juges et procureurs d'office dudit Cubzaguès et

Fronsadois, de tenir la main à ce que les maneuvres de leurs destroict et juridiction, ne facent deffault aux mandements qui leurs seront faicts, à peine de desobeissance, et d'en respondre, en leur privé nom.

Faict à Bordeaux, ce onziesme novembre 1654.

Signé : Destrades. Et plus bas : Par Monseigneur, Hollande, secrétaire.

Le sieur Des Augiers, *mareschal de bataille des armées du Roy.*

Il est ordonné, suyvant la Commission cy dessus, au juge, lieutenant et procureur d'office de la terre et jurisdiction du Fronsadois, de fournir, pour lundy prochain, 16 du present moys, le nombre de cent maneuvres, qui revient à plus près, à cinq maneuvres pour chasque paroisse; lesquelles maneuvres se rendront, à huict heures du matin dudict jour, à la grande porte de la ville de Bourg, avec pics, pailles, et touts ferrements necessaires, aux peinnes portées par ladicte Commission.

Faict à Bourg, le 13 novembre 1654.

(En tête : *Coppié sur l'original, signé et scellé du cachet et armes*)

Le 13 novembre 1654.

Messieurs les Officiers de la justice du Fronsadois.

Messieurs,

Vous verrés, par l'ordre et commission de Monsieur d'Estrades, comme quoy l'on doit diligemment razer les fortifications de Bourg; et vous ferés, s'il vous plaist, toutes vos diligences à m'envoyer des maneuvres; je crois qu'il seroit bon et fort à propos que nous fissions conference ensemble pour prendre les expedients et les moyens les plus commodes au peuple; estant du païs je seray ravy d'en trouver avec vous de doulx et de favorables. Je vous prie de vous rendre quelqu'un de vous, dimanche,

15 du mois, à Bourg, chez le sieur Mallard, à midy, pour traicter de la façon que vous et moy en uzerons. Si j'avois creu vous trouver, je feusse alé vers vous pour vous tesmoigner qu'en ceste rencontre, et en toustes autres, je seray, Messieurs, Messieurs les Officiers de la justice du Fronsadois, vostre tres humble serviteur.

J. DES AUGIERS.

Monsieur LANDREAU, *à Tizac.*

MONSIEUR,

Je n'ay point encor veu Messieurs de Saint-André et Cubzaguès, pour savoir l'ordre qu'ils ont reiglé avec Monsieur l'Intendant; aussy tost que j'en auray des nouvelles je vous en donneray advis; mais je crois que vous ferés bien de commencer à faire vos cottisations et rooles, au pié de quarante maneuvres par jour, sur le Fronsadois, qui revient à six cents livres par moys. J'espère que Monsieur d'Estrades vous liberrera du travail de Libourne pour donner tout à celuy cy. J'en escrivis hier, avec affection, et la grande peinne que je prenois, et que je luy représenté pour Bourg, le fera asseurement changer l'ordre pour Libourne; au moins je m'y attacheray pour l'amour de vous; mais cependant faictes toute diligence à lever de l'argeant pour que je puisse travailler.

Je suis avec passion, Monsieur, vostre très humble serviteur.
J. DES AUGIERS.

Ce 19 novembre 1654.

Monsieur LANDREAU, *procureur d'office du Fronsadais,* *à Tizac*

A Bourg, ce 20 novembre 1654.

MONSIEUR,

Comme nous attendions la resolution prinse pour le Cubzaguès affin de travailler à nos desmolitions, et que je vous ay promis de mes nouvelles sur ce subjet : vous sçaurés que Monsieur d'Estrades m'a envoyé, deux diverses lettres, par lesquelles il nous menase de gents de guerre si nous ne faisons toute diligence; de sorte qu'il importe que nous nous veoyions une seconde foys, et il faut faire un pié pour nostre travail; au reste j'ay à vous dire que Monsieur d'Estrades me mande qu'il est plus important de travailler à Bourg qu'à Libourne, et qu'il fauldra que le Fronsadois sursoye les desmolitions de Libourne pour travailler à Bourg. Je vous prie doncques que, dimanche, sur les dix ou onze heures, nous puissions nous resouldre. Les officiers du Cubzaguès ce rendront aussy audict jour de dimanche, qui sera 22 du courant. Monsieur d'Estrades m'a escript que vous lui avés promis cent maneuvres par jour; et ne veut point du tout imposer les juridictions ainsy que j'avais proposé; mais, pour l'aspaiser, je crois que vous feriés bien de m'envoyer, dès lundy, 23, cent maneuvres.

Je vous attends, et suis, Monsieur, vostre très humble serviteur.   J. DES AUGIERS.

Le sieur DES AUGIERS, mareschal de bataille es armées du Roy, commissaire aux desmolitions des fortifications faictes es environs de la ville de Bourg.

Il est ordonné aux manans et habitans de la juridiction et paroisses du Fronsadois de fournir cent maneuvres, par jour, pour travailler à la desmolition des fortifications faictes par les Espaignols es environs de la ville de Bourg, suyvant la commission à nous donnée, aux peinnes portées par ladicte commission. Lesquelles maneuvres travailleront, sepmaine par sepmaine, et seront relevées, de sept jours en sept jours, au dimanche, par aultre mesme nombre, jusques à nouvel ordre. Est enjoint aux officiers dudict Fronsadois, aux mesmes peinnes que dessus, de tenir la main à ce que lesdictes cent maneuvres soient effectives et bien garnies de bons ferrements et outils necessaires pour le travail, lequel commencera le 23 du moys courant.

Faict, à Bourg, le 21 novembre 1651.

J. DES AUGIERS.

Le comte D'ESTRADES, *etc., mayre de Bordeaux, colonel, lieutenant general, commandant en chef les armées du roy et province de Guienne.*

Il est très expressement ordonné aux gens envoyez, du Fronsadois, pour la desmolition des fortifiications de Libourne, de discontinuer leur travail dudit lieu de Libourne, et aller, incontinent le present ordre receu, à Bourg, pour y estre employez à la desmolition des fortifications de laditte ville de Bourg, conjoinctement avec ceux qui y sont occupez par les soins du sieur des Augiers, jusques à l'entier rasement et desmolition desdites fortifiications, à peine de desobeissance.

Fait à Bordeaux ce vingt-deuxiesme novembre 1654.

D'ESTRADES.

Par Monseigneur, BRICHET.

Monsieur LANDREAU, *dans sa maison, à Tizac.*

Monsieur, ce jourd'huy, 23 du mois courant, j'ay receu lettres et ordre de Monsieur d'Estrades qui me presse, de nouveau, à travailler, avec toute diligence, à nos desmolitions, et, pour marque de ce, il m'a envoyé un ordre duquel je vous envoye l'original, pour cesser touts les travaux qui vous auroient esté ordonnés pour Libourne, et vous renvoye le tout à Bourg; de sorte qu'il n'y a plus rien à faire que de me fournir cent bonnes maneuvres de vostre jurisdiction bien garnys de fourniments, et de vivres pour leurs subsistances, pendant les intervalles des sepmaines que nous avons ordonnées; vous jugerez facilement l'intention de mondict sieur d'Estrades qui desire celerité en nostre travail.

Je vous souhaite toute sorte de bonheur, et suis, avec passion, Monsieur, vo   très humble serviteur.

J. DES AUGIERS.

Ce 23 novembre de 165

J'ai icy douze maneuvres de Marcenays, que j'ay logées.

Monsieur LANDREAU, *dans sa maison, à Tizac.*

23 novembre 1651.

Monsieur, vous ne m'avez pas faict scavoir si vous avés receu l'ordre par lequel Monsieur le comte d'Estrades veult que tout le Fronsadois cesse ses travaux de Libourne pour ceux de Bourg; vos gents dudict Fronsadois ont fourny fort raisonnablement leurs maneuvres, à la reserve de Maransin quy n'a fourny qu'un homme, au lieu de 15 qu'il estoit chargé. Cadillac, Saint-Romain et Lalande, que vous m'aviez donné pour 30 maneuvres, ont seulement fourny : Lalande 5 hommes et Saint-Romain 8; je n'ay rien veu de Cadillac; ainsy ses trois paroisses m'ont donné, pour 30, 12. Il vous plaira, dès ce jour de dimanche, me faire pareil nombre de cent maneuvres pour le travail de ceste sepmaine; J'ay permission de l'esglise pour travailler les festes, ainsi je travailleray le jour Sainct-André, comme un jour ouvrier. J'ay faict entendre à Monsieur d'Estrades nos ordres et vos soings; il me promet que vous n'aurés point de gens de guerre, pourveu que vous continuiez à fournir vos maneuvres, à cent actuelles, à quoy je vous conjure tenir la main, et m'envoyer par le roole des paroisses destinées à servir la prochaine sepmaine.

Je suis et seray toujours, Monsieur, vostre très humble serviteur. •   J. DES AUGIERS.

Nous n'avons peu travailler que bien peu à cause du mauvais temps.

Monsieur LANDREAU, *dans sa maison de Tizac.*

A Bourg, le 19 décembre 1651.

Monsieur, j'envoyeray dix mousquetaires dans les paroisses de La Riviere, de Saint-Martin-de-Laye et aultres qui n'ont pas obey, ainsy que Monsieur d'Estrades me l'a, ce jourd'huy, ordonné. Il faudra continuer nos travaux, ainsi il vous plaira envoyer encore vos ordres, soudain après Noël, et dans la ..... vous verrés nos gens de guerre.

Adieu, je suis avec passion, Monsieur, vostre très humble serviteur.   J. DES AUGIERS.

N° 4.

Tout ce que les tailles de Guienne et le nom des paroisses montent (en 1637).

La ville de Bourdeaux, comprins Saint-Seurin et les Chartreux, attendu la taxe faicte au Conseil, neant.

La ville de Libourne et banlieue d'icelle, attendu la taxe faicte au Conseil, neant.

La ville et jurisdiction de Saint-Emilion, 8,525 liv. 13 s. 4 d.

	liv.	s.	d.
Saint-Martin-de-Mazerat	2,704	11	8
Vignonet	570	9	4
Saint-Sulpice	2,538	11	8
Saint-Pierre-d'Armens	512	5	4
Saint-Etienne-de-Lisse	519	18	8
Saint-Hippolyte	471	12	»
Saint-Laurens	173	5	4
Saint-Christofle	944	13	4

La ville et jurisdiction de Castillon-les-Perigord, 12,256 liv. 14 s. 8 d.

La ville de Castillon, attendu, etc., neant.

	liv.	s.	d.
Capitourlan	534	17	4
Sainte-Terre	2,026	9	4
Saint-Felix	1,280	13	4
Saint-Genis	1,348	0	4
Saint-Estienne	534	17	4
Saint-Magne	2,207	5	4
Belves	1,062	4	0
Gardegan	806	1	4
Sainte-Colombe	1,273	2	8
Salles	806	1	4
Tourtirac	376	12	11

La jurisdiction de Puynormand, 20,656 liv. 8 s.

Puynormand.............................	780 liv.	10 s.	» d.
Gours....................................	473	12	»
Saint-Seurin.............................	973	5	9
Camps...................................	330	7	10
Saint-Myart (Médard)...................	1,001	18	8
Laubardemon.............................	1,182	11	8
La Lande.................................	926	12	»
Saint-Denis..............................	1,376	2	8
Neac.....................................	337	10	»
Saint-Georges...........................	241	1	4
Montaigne...............................	3,196	12	»
Lussac...................................	3,457	16	»
Le Palais (le Petit-Palais)..............	963	6	4
Cornemps................................	173	5	4
Saint-Sauveur...........................	277	13	8
Cayac....................................	286	13	8
Francs...................................	399	5	4
Monbadon...............................	873	17	4
Puisseguin...............................	2,109	6	8
Parssac..................................	640	6	8
Saint-Cibart.............................	646	0	8

La jurisdiction de Fronssac, 7,380 liv. 14 s.

Fronssac.................................	2,960 liv.	12 s.	» d.
Saint-Aignan.............................	888	18	8
Saint-Michel.............................	595	2	9
La Riviere...............................	595	2	9
Saint-Germain...........................	738	5	4
Lugon...................................	1,182	11	6
L'Isle-du-Carney........................	188	6	8
Tarnes...................................	248	12	»
Veyrac...................................	1,182	11	6
Mouliac.................................	248	12	»
Salignac.................................	1,973	11	8
Saint-Denis..............................	647	17	4
Perissac.................................	1,481	1	4
Marcenais...............................	738	5	8
Villegouge...............................	2,222	6	8
Queynac.................................	308	17	4
Saillans.................................	888	18	8
Galgon...................................	1,627	4	»

Savignac..	595 liv.	2 s. 8 d.
Bouzac...	1,484	1 4
Saint-Martin-du-Boys.........................	1,333	8 »
Saint-Martin-de-Laye.........................	1,182	14 8
Maransin.......................................	1,628	4 »
La Pouyade....................................	738	5 4
Tizac..	527	6 8
Saint-Ciers-d'Abzac...........................	1,182	6 8

La jurisdiction et baronnie de Cadillac en Fronsadois, 5,280 liv. 13 s. 4 d.

Cadillac.......................................	1,034 liv.	13 s. 4 d.
Lalande..	1,808	» »
Saint-Romain..................................	2,418	» »

La jurisdiction de Guistres, 2,734 liv. 12 s.

La jurisdiction de Coutras, 8,625 liv. 4 d.

Coutras, neant, attendu la taxe du Conseil.

Peintures......................................	1,062 liv.	4 s. » d.
Chapmadel.....................................	1,024	10 8
Esglisottes....................................	934	2 8
Chalauro......................................	210	18 8
Le Fieu..	489	13 4
Saint-Antoine..................................	489	13 4
Saint-Christofle-de-Double....................	1,333	8 »
Porcheres.....................................	584	» 4
La Gorce......................................	1,288	4 4
Abzac...	753	7 8
Bayas...	489	13 4

La jurisdiction de Vayres et Arveyres, 4,678 liv. 13 s. 4 d.

Vayres..	1,028 liv.	9 s. 5 d.
N.-D. Saint-Pey-d'Arveyres....................	1,321	4 4
Birac...	165	8 8
Cailhau.......................................	165	14 8
Yzon..	1,030	13 8

La jurisdiction de Cadarsac, 346 liv. 10 s. 8 d.

La terre et jurisdiction de la grande Prevosté d'Entre-deux-Mers, 37,410 liv. 15 s. 8 d.

Fargues et Saint-Hillary......................	459 liv.	10 s. 6 d.
Nerigean......................................	1,196	5 »

Mollon	1,808 liv.	» s.	» d.
Guillac	428	8	»
Creon	2,162	1	4
Saint-Germain-du-Puch	1,438	17	4
Baron	1,069	»	»
Saint-Genis-de-Lombaud	316	8	»
Saint-Martin-de-Camiac	278	14	8
Saint-Leon	316	8	»
Dardenac	316	8	»
Louppes	241	1	4
Teynac	183	6	6
Saint-Quentin	1,393	13	4
Bonnetan	399	6	4
Saint-Loubes	2,712	»	»
Sadirac	1,434	6	6
Genissac	1,679	18	8
Artigues	226	»	»
Saint-Martin-de-Haux	906	17	4
Le Pout	256	2	8
Le Tourne	1,009	0	4
Tabanac	1,235	0	4
Saint-Donis	263	13	4
Pompignac	972	6	8
Madirac	188	6	»
Croignon	592	13	4
Cailhau	203	8	»
Cameyrac	331	9	4
Yzon	1,325	17	4
Montuchan	912	»	»
Saint-Crapazy	1,235	0	4
Yvrac	204	8	»
Sallebœuf	791	10	»
Quinsac	1,325	17	4
Camarsac	459	10	4
Carignan	377	13	4
Beychac	316	8	»
Saint-Sulpice	1,032	1	4
Lignan	640	6	8
Camblanes	1,203	6	8
Baurcich	1,325	17	4
Cambes	1,101	1	»
Tresses	406	10	8
Cursan	347	10	8

La jurisdiction de Laselve-Majour, 1,863 liv. 6 s. 8 d.

La jurisdiction de Lormont, 1,657 liv. 6 s. 8 d.

La jurisdiction royale d'Ambares, comprins Montferrand, 6,192 liv. 8 s.

Bassens, compris Montferrand, 4,165 liv. 18 s. 6 d.

Sainte-Aulary-d'Ambares	1,265 liv.	12 s.	» d.
Yvrac-en-Ambares	429	8	»
Ambares, attendu la taxe faicte au Conseil, neant.			
La Grave-d'Ambares	331	.9	4

La jurisdiction d'Ambès, 1,441 liv. 6 s. 8 d.

La jurisdiction de Cubzac, Cubzaguès, 18,080 liv.

Saint-Andras	6,860 liv.	18 s.	8 d.
Cubzac	1,290	13	4
Saint-Gervais	1,356	»	»
Saint-Laurens	828	13	4
Cazelles	226	»	»
Magrigne	120	10	8
Prignac	452	»	»
Pujeart	1,363	10	8
Marcans	207	8	»
Virsac	226	»	»
Cubnezay	1,047	2	8
Cezac	2,131	18	8
Aubie	435	12	»
Espessas	120	10	8
Saint-Antoine-d'Artigue-Longue	376	13	4
Gauriaguet	207	8	8
Marsas	319	»	»
La Ruscade	1,500	13	4
Cavignac	303	6	8

La ville et jurisdiction de Bourg, 15,654 liv. 5 s. 4 d.

Bourg, attendu la taxe faicte au Conseil, neant.			
Tauriac	883 liv.	6 s.	6 d.
Saint-Marias	1,167	13	4
Monbrier	685	10	8
Civrac (en Bourgès)	713	13	4
Soudiac	105	9	4
Gauriac	1,500	13	4
Saint-Savin	1,958	13	4

Lansac..............................	1,205 liv.	6 s.	8 d.
Prignac............................	798	10	8
Samonac...........................	572	10	8
Bayon..............................	1,318	6	8
La Fosse...........................	301	6	8
Villeneufve........................	715	13	4
Saint-Ciers........................	1,356	»	»
Saint-Seurin.......................	180	16	»
Toilhac............................	376	4	4
Saint-Urgean (Saint-Trojan?).......	188	6	8
Comps..............................	271	4	»
La Libarde.........................	346	10	8

La ville et jurisdiction de Blaye, 16,716 liv. 9 s. 4 d.

Blaye, attendu la taxe faicte au Conseil, neant.

Cars...............................	1,511 liv.	13 s.	4 d.
Saint-Pol	718	10	8
Saint-Martin....	756	6	8
Saint-Genis.......	454	9	4
Plassac............................	713	10	8
Sainte-Luce	110	9	4
Saint-Germain-de-Tursac............	444	9	4
Berson.....	1,511	13	4
Anglade............................	1,417	5	4
Saint-Christoly....................	1,619	16	»
Carthelegue........................	713	12	8
Saint-Androny......................	1,555	19	4
Saint-Giron........................	798	10	8
Saint-Vivien.......................	454	9	4
Geneyrac...........................	713	2	8
Eyrans.............................	754	6	8
Campugnan..........................	497	4	»
Mazion.............................	713	2	8
Fours..............................	399	5	4
Saugon.............................	115	9	4
Estauliers.........................	713	2	8

La jurisdiction de Vitrezay, 4,708 liv. 6 s. 8 d.

Marsillac...	1,077 liv.	5 s.	4 d.
Saint-Ciers........................	873	17	4
Saint-Pallais......................	542	8	»
Braud..............................	640	6	8
Rignac.............................	557	9	4

Saint-Aubin..............................	421 liv.	17 s.	4 d.
Saint-Caprais.............................	286	6	4
Donnezac.................................	308	17	4

Jurisdiction de Pleine-Seulve, 385 liv. 13 s. 4 d.

La petite prevoté d'Entre-deux-Mers, 6,252 liv. 13 s. 4 d.

Floyrac..................................	1,438 liv.	17 s.	4 d.
Cenon...................................	1,747	14	8
Melac...................................	278	11	8
Bouliac..................................	1,039	12	»
Artigues	405	9	4
Rouffiac.................................	»	»	»
La Trenne, comme ayde de Bouillac..........	708	2	8
Carignan, comme ayde de Bouillac............	617	13	8

Jurisdiction de La Trene et Cénac, 1,032 liv. 1 s. 4 d.

La Trenne................................	724 liv.	4 s.	» d.
Cenac...................................	308	17	4

La jurisdiction de Blasignac, 421 liv. 17 s. 4 d.

La ville et jurisdiction de Cadillac, 1,898 liv. 8 s.

La ville de Cadillac, attendu la taxe faite au Conseil, neant.

Monprinblanc.............................	474 liv.	12 s.	» d.
Loupiac..................................	1,107	8	»
Gabarnac................................	316	8	»

La ville et jurisdiction de Rions, 3,344 liv. 16 s.

La ville de Rions, attendu la taxe faite au Conseil, neant.

Capian..................................	1,431 liv.	6 s.	8 d.
Neyrac..................................	414	6	8
Saint-Hillary.............................	580	1	4
Cardan..................................	452	4	»
Villeneufve..............................	361	12	»
Larrocque...............................	105	5	4

La conté de Benauges, 15,970 liv. 13 s. 4 d.

Arbis...................................	610 liv.	4 s.	» d.
Escoussans	753	6	8
Cantolx..................................	888	18	8
Ladaux..................................	610	4	»
Solignac.................................	888	18	8
Targon..................................	1,205	6	8
Toutigeac................................	384	4	»

Baignaux..........................	964 liv.	5 s.	4 d.
Faleyras et Saint-Germain de Campet.........	964	6	4
Bellebat..........................	263	13	4
Martres..........................	406	16	»
Sainte-Presentine....................	195	17	4
Saint-Genis.......................	218	9	4
Coyrac..........................	527	6	8
Montarouch.......................	210	18	8
Montignac........................	647	17	4
Saint-Pierre-de-Bat.................	866	6	8
Monpezat.........................	226	»	»
Gournac.........................	1,205	6	8
Castelvieil.......................	798	10	8
Saint-Martial.....................	763	1	8
Morens..........................	888	13	8
Saint-Germain-de-Gravoux.............	384	4	»
Semens..........................	226	»	»
Aubiac..........................	82	17	4
Donzac..........................	331	9	4
Omet............................	467	1	4

La jurisdiction de Langoiran, 2,071 liv. 13 s. 4 d.

Langoiran........................	1,657 liv.	6 s.	8 d.
Lestiac..........................	414	6	8

La jurisdiction de Cadaujac, 1,628 liv. 13 s. 4 d.

La jurisdiction de Curton, compris Pressac, 3,600 liv. 18 s. 8 d.

Gresillac........................	1,371 liv.	1 s.	4 d.
Espiet..........................	858	16	»
Tizac..........................	685	10	8
Daignac.........................	685	10	8

La jurisdiction de Fargues, 587 liv. 12 s.

La jurisdiction de Villandrault, 286 liv. 5 s. 4 d.

La jurisdiction de la prévôté de Barsac, 7,902 liv. 9 s. 4 d.

Barsac, attendu la taxe faicte au Conseil, neant.			
Preignac.........................	2,704 liv.	9 s.	4 d.
Saulternes.......................	1,009	9	4
Ceron..........................	339	»	»
Saint-Seulve.....................	904	»	»
Bommes..........................	904	»	»

Pujolz...................................... 1,303 liv. 4 s. 4 d.
Saint-Morillon   459   10   8
Villagrains................................   278   14   8

La jurisdiction de Cabanac, 467 liv. 1 s. 5 d.

La jurisdiction de Saint-Magne, 285 liv. 6 s. 4 d.

La jurisdiction de Budos, 1,461 liv.

La jurisdiction de La Motte-Nouaillan, 1,845 liv. 13 s. 4 d.

La jurisdiction de Portetz, 4,467 liv. 5 s. 4 d.

Portetz.................................... 2,374 liv.   »   » d.
Castres.................................... 1,649   16   »
Arbanatz...................................   444   0   »

La jurisdiction de Virelade, 580 liv. 1 s. 4 d.

La jurisdiction de Landiras, 2,275 liv. 6 s. 4 d.

Landiras .... 1,318 liv.   6   8
Illats.....................................   527   6   8
Guilhos   271   4   »
Saint-Michel   458   4   »

La jurisdiction de La Brède, 2,184 liv. 13 s. 4 d.

La Brede .... 1,642 liv.   2 s. 8 d.
Saint-Morillon de La Brede.................   572   10   8

La jurisdiction de l'Ile-Saint-Georges, 4,282 liv. 19 s. 6 d.

Dautiran................................... 1,325 liv. 17 s. 4 d.
Saucars....................................   700   12   »
Saint-Medard...............................   828   13   4
Martilhac..................................   527   6   8
Aygues-Mortes..............................   210   18   8
Ile-Saint-Georges..........................   700   12   »

La jurisdiction d'Ayrans, 361 liv. 2 s.

La ville et jurisdiction de St-Macquaire, 5,361 liv. 5 s. 4 d.

La ville, attendu la taxe faite au Conseil, neant.
Sainte-Croix-du-Mont....................... 2,207 liv.   5 s. 4 d.
Saint-André-du-Boys........................   572   10   8
Saint-Pierre-d'Aurillac....................   753   6   8
Saint-Michel (Saint-Mexent). Une partie d'Aubiac. 753   6   8
Saint-Martin-de-Cessas.....................   361   12   »
N.-D.-de-Pian   723   4   »

La juridiction de Podensac, 753 liv. 5 s. 8 d.

La terre et juridiction de Corbiac, 369 liv. 1 s. 8 d.

La juridiction de Blanquefort, 12.309 liv. 9 s. 4 d.

Saussan.......................................	881 liv.	8 s.	1 d.
Le Taillan....................................	1,328	16	11
Arssac..	376	13	4
Saint-Aubin	263	11	2
Saint-Medard..................................	715	3	9
Margaux.......................................	670	3	4
Avensan.......................................	1,034	13	4
Sauluge.......................................	67	16	»
Le Temple.....................................	82	17	4
Parampuyre..	565	»	»
Arès..	226	»	»
Daplan (Le Pian)..............................	376	12	10
Macau et Ludon dehors.........................	843	14	8
Blanquefort...................................	2,960	12	»
Cantenac	1,476	9	8
La Barde	421	17	4

La juridiction de Veyrines, 2,584 liv. 6 s. 8 d.

Begles..	1,096 liv.	6 s.	8 d.
Merignac......................................	2,636	13	4
Caudeyran et Lou Bouscat......................	3,073	12	»
Pessac	1,566	18	8
Tallance......................................	1,190	5	4

Le conté d'Ornon, 9,755 liv. 13 s. 4 d.

Sestas	581 liv.	1 s.	1 d.
Canejan	843	11	8
Eyzines	2,455	17	4
Leugnan	1,491	12	»
Villeneufve...................................	1,806	13	4
Gradignan.....................................	1,064	5	4
Bruges..	1,913	9	4

La juridiction de Macau, 1,813 liv.

La terre et juridiction de Lesparre, 22,027 liv. 9 s. 4 d.

Tallais.......................................	637 liv.	17 s.	1 d.
Saint-Vivien	1.099	17	3
Le Temple.....................................	190	16	»

Grayan	649 liv.	18 s.	8 d.
Vensac	649	18	8
Vendays	648	18	8
Queyrac	597	12	»
Gaillan	1,099	17	3
Hueb	490	16	»
Lesparre et Le Mercadieu	1,770	6	8
Escurac	82	17	4
Jau	384	4	»
Dignac	256	2	8
Loyrac	395	4	»
Valeyrac	730	14	8
Begadan	1,099	17	4
Civrac	1,176	4	»
Prignac	657	17	4
Saint-Trolody	791	»	»
Blaignan	657	17	4
Potensac	317	8	»
Cocqueyques	490	16	a
Saint-Germain	657	17	4
Doyentran	490	16	»
Saint-Stephe	1,710	1	4
Saint-Seurin	1,649	16	»
Cissac	790	2	»
Saint-Sauveur	1,092	6	8
Ordonnac	527	6	8
Saint-Helayne-de-l'Estang	730	14	8
Carcans	683	9	4

Jurisdiction de Castillon en Médoc, 2,184 lir. 13 s. 4 d.

Pauillac	791 liv.	» s.	» d.
Saint-Christolly	836	4	»
Saint-Yzans	657	0	4

Jurisdiction de Lamarque, 3,766 liv. 13 s. 4 d.

Saint-Manbert	286 liv.	6 s.	4 d.
Donissan	588	6	3
Corconac	97	18	8
Le Ferron	113	2	8
Sauajou et Lou Bernada	113	2	8
Biounot et Mortan	128	1	4
Bernos	308	17	6
Saint-Laurans	1,152	12	6
Villeneufve	78	6	8

Saint-Jullien...............................	384 liv.	4 s.	» d.
Sainte-Gemme..........................	45	4	»
Saussac..................................	143	2	8
Lamarque................................	680	1	4
Lhorte et Le Bouscat....................	90	8	»

La jurisdiction de Bénon et les terres du commandeur de Rodes, 904 liv.

Benon..................................	67 liv.	16 s.	» d.
Marsillac...............................	339	»	»
Artigues................................	45	4	»
Mignot.................................	67	16	»
Martignas..............................	135	12	»
L'hospital de Saint-Germain-d'Esteuil..........	113	»	»
L'hospital de Grayan....................	135	12	»

La jurisdiction de Castelnau de Médoc, 6,735 liv. 6 s. 8 d.

Castelnau..............................	1,614 liv.	4 s.	» d.
Salaunes...............................	241	1	4
Semensan..............................	52	14	8
Sainte-Hellaine........................	688	»	»
Brach..................................	203	»	8
Le Porge...............................	414	0	»
Listrac................................	806	1	4
Cussac........	783	0	4
Mouton................................	113	»	»
Moulis, compris Broustera et Bougueyran......	723	4	»
Courgas (Saumos)	105	14	8

La jurisdiction de Sémignan, 371 liv. 12 s.

— *de Verteuilh, 1,629 liv. 13 s. 4 d.*

— *de Poujaux, 120 liv. 10 s. 8 d.*

— *d'Arsins, 349 liv.*

— *d'Agassac, 1,506 liv. 13 s. 4 d.*

— *de Bessan, 160 liv. 13 s. 4 d.*

— *de Lege, 753 liv. 6 s. 8 d.*

La jurisdiction de Biscarosse, vicomté d'Uza, 2,938 liv.

Biscarosse, ...	595 liv.	2 s.	8 d.
Uza...................................	2,342	17	4

La jurisdiction de Saint-Paul-en-Born, 195 liv. 17 s. 4 d.

Sanguinet.. 195 liv. 17 s. 4 d.

La jurisdiction de Belliet et de Salles, 1,732 liv. 13 s. 4 d.

Salles.. 1,295 liv. 14 s. 8 d.
Belliet.. 436   18   8

La jurisdiction de Lacanau, 1,205 liv. 6 s. 8 d.

Lacanau, compris Mixtre, Narsot et Mejaux.... 858 liv. 16 s. » d.
Audenge.. 135   12   »
Andernos....................................... 45   4   »
Ignas.. 165   11   8

La jurisdiction de Lamothe-Certes, 3,269 liv. 9 s. 4 d.

Lenton... 210 liv. 18 s. 8 d.
Lamothe, Biganos, y compris Comprian, Tegon
et Argenteyres................................. 886   4   »
Le Teys.. 753   6   6
Surgas... 45   4   »
Certes... 489   10   8
Mios, compris le Barp.......................... 919   1   4
Aulas.. 45   4   »

La jurisdiction de Castelnau de Cernes, 2,794 liv. 17 s. 4 d.

Saint-Siphorien .... 745 liv. 16 s. » d.
Balizac.. 745   16   »
Saint-Leger.................................... 557   9   4
Hosteins 745   16   »

La jurisdiction de Soulac, 1,732 liv. 13 s. 4 d.

La jurisdiction de La Teste de Buch, 5,122 liv. 13 s. 4 d.

La Teste de Buch............................... 3,533 liv. 2 s. 10 d.
Gujan.. 1,499   2   8
Cazau.. 91   7   »

———————

Nº 5.

Estat des vins receus de quelques paroisses des terres de Fronsac et Coutras en deduction des tailles pour la subsistance de la garnison de Libourne.

Fronsac	18 thouneaux,	3	barr.
Saint-Siers	17 —	2	—
Bayas	19 —	2	—
Villegouge	13 —	2	—
Veyrac	6 —	1	—
Lugon	7 —	»	—
Saillans	8 —	1	—
Savignac	3 —	1	—
Saint-Martin-du-Bois	8 —	»	—
Saint-Genis	2 —	3	—
Saint-Martin-de-Laye	4 —	2	—
Saint-Germain-de-La-Riviere	10 —	»	—
Coutras	33 —	1	—
Saint-Roumain	16 —	»	—
Cadillac	9 —	»	—
La Lande	17 —	»	—
Maransin	17 —	»	—
Bonzac	11 —	»	—
Saint-Michel-de-La-Riviere	5 —	2	—
Saint-Aignan	6 —	1	—
Salignac	18 —	»	—

Total : 252 tonneaux 1 barrique.

Nº 6.

Estat du departement (des tailles en 1654)

Fronsac	3,000	livres.
Saint-Aignan	1,489	—
Saint-Michel	800	—
La Riviere	800	—
Saint-Germain	1,050	—

Lugon.................................... 1,050 livres.
L'Ile du Carney.......................... 400 —
Tarnez................................... 600 —
Veyrac................................... 1,631 —
Mouillac................................. 371 —
Salignac................................. 1,800 —
Saint-Genis.............................. 550 —
Peyrissac................................ 750 —
Villegouge............................... 1,900 —
Queynac.................................. 300 —
Saillans................................. 800 —
Galgon................................... 2,556 —
Savignac................................. 1,045 —
Bonzac................................... 800 —
Saint-Martin-du-Bois..................... 1,200 —
Saint-Ciers-d'Abzac...................... 800 —
Saint-Martin-de-Laye..................... 900 —
Maransin................................. 1,500 —
La Pouyade............................... 1,101 —
Thizac................................... 600 —
Cadilhac................................. 400 —
La Lande................................. 1,200 —
Saint-Romain............................. 1,800 —
Marsenès................................. 800 —

N° 7.

Le duc d'Anguien, prince du sang, pair de France, general des armées du roy, contre le cardinal, ses fauteurs et adhérans, ennemis de l'Estat, perturbateurs du repos public, empeschans la paix generale, le soulagement des peuples et la liberté des princes.

Nous faisons tres expresses inhibitions et deffences à tous gens de guerre, tant de pied que de cheval, de l'armée que nous commandons, de loger dans les maisons et mestairies du sieur Landreau, nostre procureur fiscal à Fronsac, situées dans les paroisses de Tizac et La Ruscade en Fronsadois, ny, en icelles, prendre ou enlever aucuns biens, vivres, bestiaux, meubles ny autres choses genera-

lement quelconques, à peine de punition exemplaire;
d'autant que nous avons prins et mis, prenons et mettons
lesdictes maisons, mestairies et biens dudit Landreau,
ensemble sa personne, famille et domestiques, en la protection et sauvegarde du roy et la nostre speciale. Man-
dons à tous officiers de nostre armée, tenir la main à
l'execution des presentes, afin d'en respondre, en leurs
privés noms, des dommages et interests qui pouroient
avoir esté faictz.

Faict, à Bourdeaux, le neuflesme jour de juillet mil six
cens cinquante.   HENRY DE BOURBON.

Par Monseigneur, BAILLET.

Le prince de Conty, prince du sang, pair de France, gouver-
neur et lieutenant general pour le roy en Champagne et
Brie, generalissime des armées de Sa Majesté.

Nous, pour plusieurs raisons et bonnes considerations,
faisons tres expresses inhibitions et deffences à tous
officiers et conducteurs des trouppes des gens de guerre,
qui sont sous l'authorité de monsieur le prince et la nostre,
de loger ny permettre qu'il soit logé, fourragé, pris ny
enlevé aucuns biens, vivres, denrées, bestail, ny autre
chose quelconque dans les maisons, mestairies et biens
appartenant au sieur Arnaud Landreau, procureur fiscal
de la duché de Fronsac appartenant à monsieur le prince,
scituées es parroisses de Tizac et de La Ruscade, sur
peine, aux cavaliers et soldats, de punition exemplaire,
et aux officiers et conducteurs d'en respondre en leurs
noms. D'autant que nous prenons et mettons ledict sieur
Landreau, sa famille, ses domestiques, mestayers, ensemble sesdites maisons, mestairies et biens en deppendans,
en la protection et sauvegarde du roy et la nostre
particuliere.

Faict, à Bourdeaux, le 24 octobre 1652.

ARMAND DE BOURBON.

Par Monseigneur, MEURTET DE LA FAURE.

Le duc de Saint-Simon, pair de France, chevalier des ordres du roi, conseiller en ses conseils, gouverneur, pour Sa Majesté, des villes, chasteau et conté de Blaye, vidasme de Chartres, marquis de Pont et viconte de Terrarque.

Nous avons mis soubs la protection du roy et de la nostre particulière les sieurs Paty et Arnaud Landreau, seneschal et procureur d'office du duché de Fronsac : ensemble leurs maisons et mesteries scizes audict duché et parroisses de Tizac et La Ruscade; deffendons, très expressement, à tous gens de guerres, tant de cavallerie que d'infanterie, despeudans de nostre pouvoir, de faire aulcune sorte de viollence ausdictz sieurs senéchal et procureur d'office, leurs fammes et enfans et dommestiques; et de loger, fourrager ny prendre aucune chose dans leurs dictes maisons et mesteries, à peine, contre lesdits cavalliers et soldatz, de punition exemplaire, et, contre les commendans, de tous domages et interés.

Faict au chasteau de Blaye, ce vingt quatriesme janvier 1653. Le duc de SAINT-SIMON.

Par Monseigneur, VINCENT.

Il est permis au procureur de Fronsac de demeurer dans sa maison, scituée dans Tisac, avec toute assurance, en, par luy, n'entreprenant rien contre le service du roy. Deffendons aux troupes, sur qui nostre pouvoir s'estent, de ne rien atenter sur sa personne ny ses biens sur peine de desobeissance.

Faict à Saint-André ce quatorze avril mil six cens sencante et trois. De MONTESSON.

Nº 8.

Monsieur, Monsieur le Procureur de Fronsac, a Tizac.

Monsieur, ie vous anvoy une sauvegarde de monsieur Breval, nostre commandan, et, de plus, un soldat pour l'autoriser; ie voudrés pouvoir faire quelque autre chose pour vous servir. Amploiés moy an tout ce que vous me jugerés nesere, et vous verés que j'agiré de la bonne sorte, ne desiran rien plus que de vous temoigner que ie suis, Monsieur, vostre très humble serviteur.

LIGNAN DE L'ILEFORT.

François Bonaventure LE HARLAY, *seigneur de Perrigui, marquis de Breval, marechal de camp des armées du roy.*

Il est très expressement deffendu à tous soldats de loger, fourager, ny enlever aucune chose dans la maison et mestairie de M. de Landrau, paroisse de Tisac, à peine de chastiment exemplaire.

Faict, à Guittres, ce 7 septembre 1653.

DE HARLAY BREVAL.

Le baron de LACROIX, *mareschal des camps et armées du roy, et lieutenant colonel du regiment de Normandie.*

Nous ordonnons à tous ceux sur lesquels nostre pouvoir s'estend, prions et requerons tous autres de ne rien fourrager ni enlever dans la maison et appartenances du sieur procureur fiscal de Fronsac, scituée dans la paroisse de Tizac; Sa Majesté et Son Altesse de Vandosme l'ayant mis soubs leur protection et sauvegarde.

Faict. à Fronsac, le 10me septembre 1653.

LACROIX.

N° 9.

Arrest de la Covr de Parlement de Bovrdeavx, portant qu'il sera informé de tous les Rapts, Duëls, assemblées illicites et autres crimes Capitaux qui ont esté commis depuis vingt-ans (¹).

Extraict des Registres de Parlement.

Sur ce qui a esté representé à la Cour par Dusault, pour le Procureur general du Roy, les Grand Chambre et Tournelle assemblées, que, despuis quelques années, le desordre est si grand dans la prouince, que l'authorité du Roy n'y est point reconnuë, que la justice est entierement meprisée, que les Seigneurs justiciers, pour fauoriser l'impunité des crimes, empeschent les Iuges d'en faire les poursuites, et contraignent les Officiers de suprimer les procedures ou de les leur bailler, que la licence trop grande de quelques Gentilhommes ou d'autres est venuë à cette extremité qu'ils font souffrir aux sujets du Roy toute sorte d'opression et de tyrannie, que, pour se maintenir dans cette violence, ils font des assemblées illicites, auec port d'armes, dans les Villes et à la campagne, sans permission de sa Majesté, ny du sieur Gouuerneur ou Lieutenant de Roy des Prouinces, contre les deffences expresses des Ordonnances et au mépris des Arrests et Reglemens de la Cour, qu'ils erigent leurs maisons et leurs Chasteaux en places de guerre, dans lesquelles ils tiennent des garnisons et donnent retraite aux criminels, et qu'à l'ocasion de ces attroupements, ils appuyent toutes les violences et rebellions faites à Iustice, decident leurs differens et leurs contestations particulieres par des voyes de fait, s'emparent, par force, des biens les vns des autres, commettent des duëls, des Rapts, des enleuemens et empris nemens de personnes de toutes conditions sans decret ny forme de justice.

(¹) Cet arrèt, qui a été imprimé par I. Mongiron Milanges, en 1659, est cependant fort rare: j'ai cru, en conséquence, devoir le reproduire ici.

DE SORTE que toutes les Ordonnances, si saintement et si justement establies, et tous les Arrests de la Cour, se trouuant aujourd'huy violés et sans effet par vne contreuantion publique. Ledit Procureur General requiert y estre pourueu par le renouuellement de tous ces anciens Arrests et Reglemens cy-deuant donnés, en telles matieres, conformement aux Ordonnances, et par la recherche exacte de tous les rapts, duels et autres crimes capitaux qui ont esté commis dépuis vingt ans, et assemblées illicites, auec port d'armes, qui ont esté faites pour en arrester le cours, à l'aduenir, par vne punition exemplaire.

La COVR, faisant droit de la requisition du Procureur general du Roy, a ordonné et ordonne qu'il sera informé, à sa requeste, et à la diligence de ses substituts, par le premier iuge, huissier ou sergent royal, sur ce requis, appelé auec luy vn Notaire et Tabellion de Cour laye, de tous les rapts, duëls, assemblées illicites et autres crimes capitaux qui ont esté commis despuis vingt ans; Enjoint à tous Seneschaux, Baillifs, Visseneschaux, Magistrats, Consuls, Seigneurs Iusticiers et autres Officiers, chacun en son destroit, de luy mettre les témoins en main, et de se saisir des coupables; à peine d'en respondre en leur propre et priué nom, pour, les informations faites et rapportées, estre decrettées contre les coulpables, et le procez leur estre fait et parfait selon l'exigence du cas et la seuerité des Ordonnances. Et neantmoins, pour empescher, à l'aduenir, pareils desordres,

FAIT ladite Cour tres-expresses inhibitions et deffences à tous Gentils hommes et autres personnes, de quelle qualité et condition qu'ils soient, de faire aucunes assemblées, auec port d'armes, dans les Villes ny à la campagne, sous quelque cause et pretexte que ce soit, ny de tenir garnisons priuées, et particulierement dans leurs maisons et Chateaux, sans ordre exprés de sa Majesté, du Gouuerneur ou Lieutenant de Roy, à peine d'estre procedé contr'eux, comme perturbateurs du repos public et criminels de l'Eze Majesté, conformement aux Ordonnances.

ENIOINT à tous Gouuerneurs, Seneschaux, Baillifs, Visseneschaux et autres Officiers de leur courir sus, de tenir la main à l'execution du present Arrest, faire leurs procez verbaux des contreuantions à iceluy, et les enuoyer audit Procureur General; et à tous Lieutenans Generaux ou particuliers, en leur absence et maladie, et Substituts ez Sieges et Bailliages des Seneschaussées du Ressort, de dresser, de six en six mois, conformement aux Ordonnances, Arrests et Reglemens cy deuant donnés, les Rolles des decrets et procedures criminelles faites dans leurs Sieges et Iurisdictions ordinaires qui en dependent, sans y rien obmettre à peine de faux, et iceux enuoyer audit Procureur General. Enjoint pareillement à tous Officiers, iuges, substituts et grefliers des ordinaires, maires, iurats et consuls, qui ont la direction de la Iustice Criminelle, de dresser, de trois en trois mois, les Rolles desdits decrets et procedures criminelles, faites pardeuant eux, sans y rien obmettre à peine de faux, et iceux enuoyer aux Substituts dudit Procureur General ez Sieges desdites Seneschaussées où ils ressortissent; à quoy faire ils seront contraints à peine de quinze cens liures, et de suspension de leurs charges, et, mesmes les Grefliers, par corps. Et, à ces fins, permet ladite Cour auxdits Substituts esdits Sieges les faire assigner, pardeuant les Seneschaux ou leurs Lieutenans, pour voir declarer, à l'encontre d'eux, les peines et contraintes.

Fait, en outre, ladite Cour, expresses inhibitions et deffences à tous Seigneurs Iusticiers, d'assoupir, par argent ou autrement, les crimes qui auront esté commis dans leurs Iurisdictions, ny empescher les Iuges de faire les procedures, à peine de priuation de leurs Iustices; et, aux Officiers desdites Iurisdictions, d'vser d'aucune conniuence à peine de punition exemplaire.

Et, affin que le present Arrest soit exactement obserué, et qu'aucun n'en puisse pretendre cause d'ignorance, ladite Cour ordonne que copie d'iceluy sera enuoyée, à la diligence dudit Procureur General, és Sieges des Seneschaussées, Iuges et Bailliages du Ressort pour y estre leu et publié, les Plaids tenans, enregistré au Greffe d'iceux et affiché partout où besoin sera;

ENIOINT aux Substituts dudit Procureur General d'y

tenir la main, et de certifier la Cour dans le mois des diligence, par eux faites pour ce regard à peine de suspension de leurs charges; et sera ledit Arrest executé, en vertu du Dictum d'iceluy, attendu la matiere dont est question.

FAIT à Bourdeaux en Parlement le second de Decembre 1659.

Monsieur DE PONTAC, Premier Président.

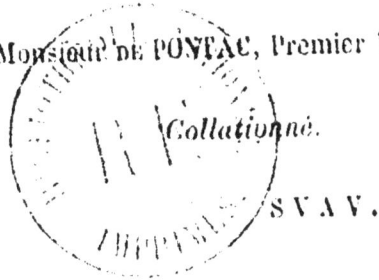

Collationné.

SVAV.

www.ingramcontent.com/pod-product-compliance
Lightning Source LLC
Chambersburg PA
CBHW052151090426

42741CB00010B/2225